南の島の学級日誌
―高校生と先生のマジメでユカイな対話集―
昭和薬科大学附属高等学校
附属中学校
教諭
砂川 亨 著
ボーダーインク

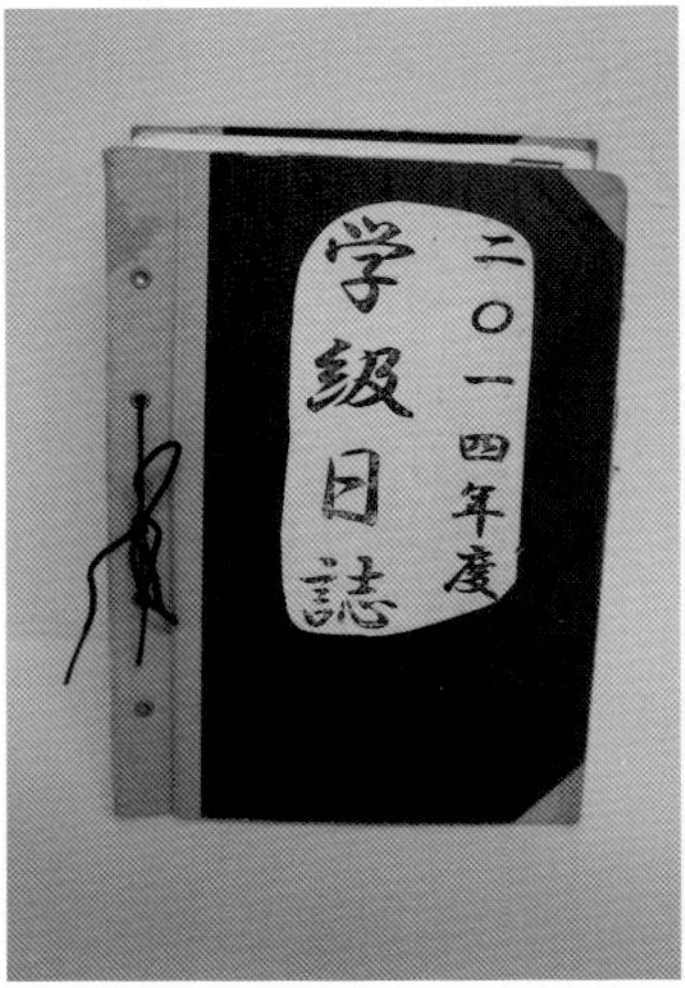

学級日誌の表紙。

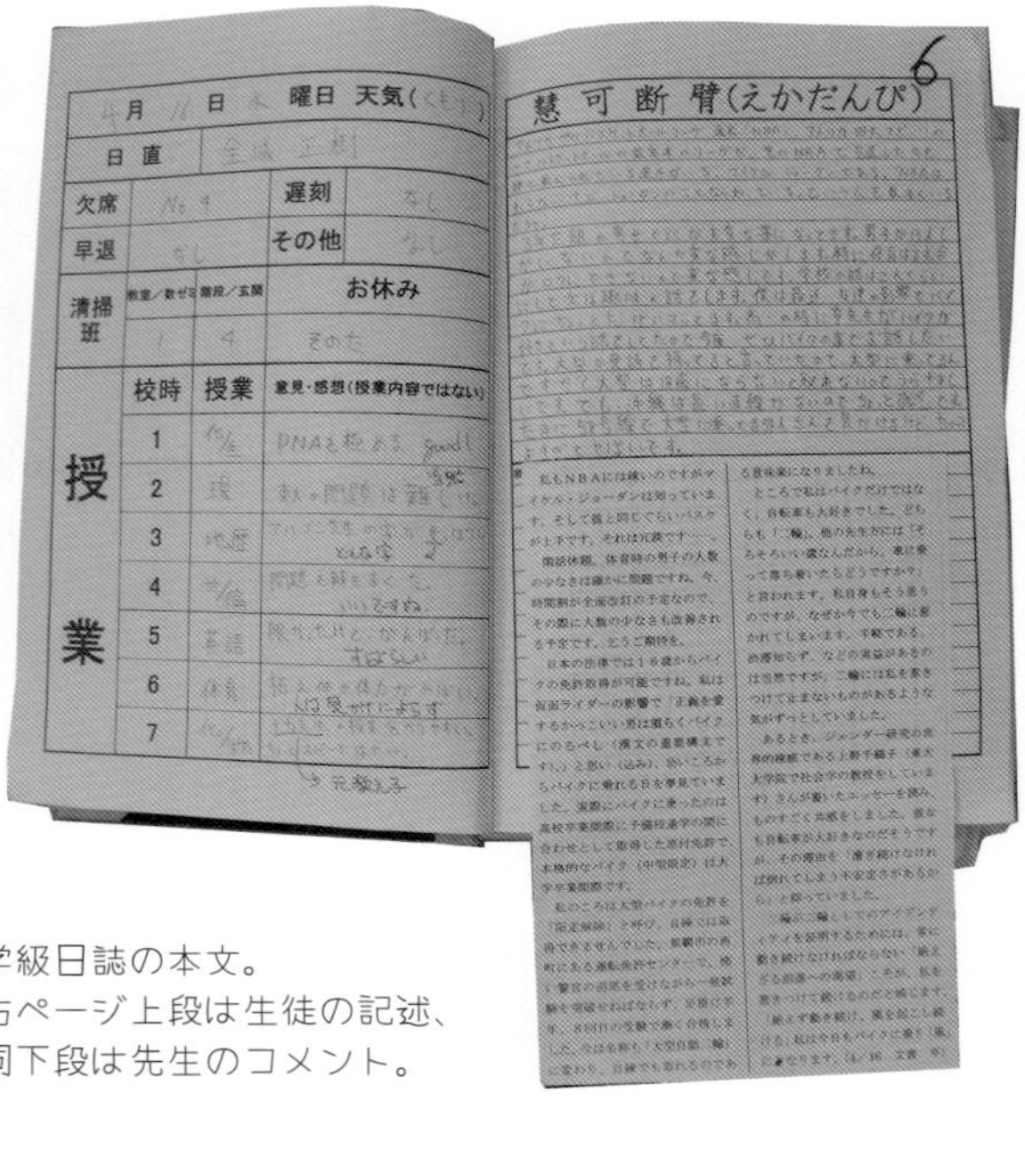

学級日誌の本文。
右ページ上段は生徒の記述、
同下段は先生のコメント。

高三の授業風景。

校内の中庭。

緑豊かな校内。

三年に一度のお祭り「りんどう祭」。

校舎の風景（2015 年 11 月。翌年には新校舎での授業が始まる。）

南の島の学級日誌

―高校生と先生のマジメでユカイな対話集―

昭和薬科大学附属高等学校
附属中学校
教諭　砂川　亨　著

ボーダーインク

まえがき

今、この本を手に取って下さった方の多くは、きっと学級日誌への様々な思いがあることでしょう。それは〝懐かしい思い出〟？あるいは〝面倒くさい記憶〟？もしかすると学級づくりを模索している若手の先生もいらっしゃるかもしれません。

学級日誌とは、日直の生徒がクラスの一日をつづる日記のようなもの。天候、授業の内容、清掃状況。学校によっては給食のメニューやその日の反省を書かせます。それだけに記入には意外と手間が掛かりますし、難儀《なんぎ》だと感じる生徒もいるでしょう。一方で自分の表現が級友、そして先生の目に触れるチャンスとして楽しみにしている生徒もいます。

私は国語の教師として、「読む楽しみ、書く喜び」を生徒に味わってもらいたいと考えています。読むことで他者を知り、書くことで自分を伝える。世界を、そして自身をよりよくするために、読むこと・書くことは欠かせない作業だと信じています。

しかし日々の授業だけでは、生徒の表現を味わい、互いを理解する場を提供することは難しいと感じていました。まして一人ひとりの思いに私が応えることなど到底《とうてい》出来ません。

そのとき、学級日誌が思い浮かんだのです。

「学級日誌を通して生徒との交流が図れないだろうか。」

「学級日誌を使えば、読む楽しみ、書く喜びを味わえるかもしれない。」

私は学級日誌を〝自己を表し、他者と出会い、共に学ぶ場〟にしようと考えました。そのためには書く。とにかくたくさん書く。もちろん私も書く。毎日のコメントを生徒よりもたくさん書く。これだけをルールとしました。

こうして出来上がった学級日誌。はじめは嫌がっていた生徒たちも、次第に表現することの面白さ、コメントをもらう喜び、そして級友の新しい顔を眺《なが》める楽しみを覚えていきました。

学級日誌の噂《うわさ》は他クラスへ、同僚《どうりょう》へ、そして保護者の方々へと広がり、「ぜひ読みたい。できれば本にしてほしい」という思いがけないお言葉まで頂きます。私自身も学級日誌を用いたクラスづくりを『日誌教育』と名付け、より多くの人と共有したいと考え始めていました。

「百聞《ひゃくぶん》は一見にしかず」と言います。まずは手始めに一つご紹介します。きっとみなさんの学級日誌に対する印象が変わると思います。

僕がブラジャーをする理由

（日直）実朗

僕は体育がある日には、必ずブラジャーをつけます。理由はスレるからです。コトの始まりは中学二年生でした。初めてスレた日は乳首にアロエを塗りたくって眠りました。最初はみんなに乳首がすれたということを信じてもらえませんでした。今思えば信じろという方がムリかもしれません。

それからはがむしゃらに乳首を調べました。Ｇｏｏｇｌｅの検索履歴《りれき》には「乳首　すれる」「乳首　切除」などへたなエロサイトよりも恥ずかしいワードが並んでいます。様々なリバテープも試しましたが、すべて今イチでした。そんな時、僕に転機が訪れます。乳首に苦しむ僕を見かねた友達数人がブラジャーを買ってくれたのです。ボクはうれしくて涙がでました。持つべきは友達だなと。

それ以来僕の乳首ライフは一変しました。綿１００％なので快適です。二本目の購入も考えています。

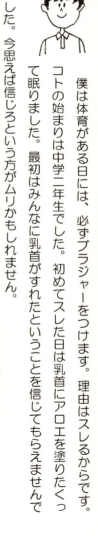

「ステレオタイプ」を飛び越えろ!

乳首が擦《す》れる……。実は私も同じ経験があるため、大変よくわかります。三十代のころヘルニアを患《わずら》い、リハビリを兼ねてジョギングを始めました。いつしかそれが高じてマラソンとなり、ＮＡＨＡマラソンに出場するほどのめりこみました。そのときです!乳首にひどい痛みを感じたのは……。ランニングで常時上下動をしていると、どうしてもシャツと擦れてきました。よもやそのような事態になると思っていなかったので、ＮＡＨＡマラソン初出走時には、擦れないように胸を両の掌《てのひら》で押さえて走るという、傍《はた》から見たら〝危ないおじさん〟状態でした。

その後それぞれの乳首に絆創膏《ばんそうこう》をはることで改善しましたが、一時期は本気で女性用のニプレスを検討したものです。大型の薬局店で真剣にニプレスを物色するおじさんは、傍目《はため》には変態としか映らなかったでしょうね。しかし、それほど当時の私は追い詰められていました。

したがって、実朗君の悩みはとても共感できるのです。

ただ、男性用のブラジャーがあることは初めて知りました。快適ですか?値段はいくらぐらいですか?と興味は尽きません。いずれにせよ、明るい生活が取り戻せたことは何よりの朗報ですね！

ここで問題にしたいこと。それは男性用のブラジャーにもきちんとした意義や役割が存在するにも拘《かか》わらず、ともすれば「ブラジャー＝女性用の下着」あるいは「ブラジャー着用の男性＝女装趣味のある男性」という、ステレオタイプな思考がはびこりがちな点です。このステレオタイプ的思考が、私たちの可能性や好奇心、冒険を求める精神を萎縮《いしゅく》させます。世間の常識に照らし合わせて不都合に見える現象の中にも実は有益なものが眠っていることを、今回の話題は教えてくれます。

実朗君の場合、ステレオタイプからは無縁な友人のおかげで新しい一歩を踏み出すことができました。持つべきものは偏見にとらわれない自由な友ですね。


このように、学級日誌には何気ない日常の話題、若者だからこその悩みや疑問、さらには感動・決意もつづられています。

今回は書籍化するにあたり、百二十本以上の話題から厳選した四十三本を収めました。どれも生徒たちのみずみずしい感性と、今と向き合うひたむきさが伝わる「作品」となっています。また、つたないながらも懸命に応えようとする、私の悪戦苦闘ぶりもぜひご覧になってください。

第一章では、この学級日誌ができるまでのお話をします。そして第二章で、生徒たちの生の声と私の返事を楽しんでください。更に日誌にまつわるお話しを「ホームルーム」、日誌教育に関するアドバイスなどは「職員室」のコラムとしてまとめました。

ぜひ、この本を通し高校生の今を追体験し、教室に広がる表現の喜びを感じ取ってください。さらには学級日誌が持つ大きな力に気づき、後輩教師の参考となるならばこれ以上の喜びはありません。

※本書に記載の日時や状況、事実関係は、すべて日誌の執筆時のものです。
また、日誌のライブ感を重視し、生徒の文章に対しては、明らかな誤りを修正するに留めました。

途中、わかりづらい内容や表現もありますが、ご了承ください。

目次

まえがき　3

第一章　学級日誌と私　17

第一節　学級日誌と私　18
第二節　学級日誌とは？　20
第三節　試行錯誤の日々　24

第二章　たかが学校、されど学校　ある日の学級日誌①　29

第一節　拝啓 学校殿　30
上級生として物申す！　30／偏見脱却のための学び　33

歴史から学ぶこと　36／大人になっても役立つ科目　40
土足解禁に反対！　44／家は安らぎの場であるべき　47
古典が好きになる方法　50
◎ホームルーム　「学級日誌vsSNS」　54

第二節　Dear Friends!　55

薬科は変な人ばかり　55／このクラスは楽しい！　58
日々雑感　62／もう笑いません！　65
文系なのに理系　68／モヒカンにしたわけ　72
最高の友　75
◎職員室　「日誌教育」　80

第三章　私の主張、僕の主張　ある日の学級日誌②　83

第一節　哲学的なことばたち　84

人は誰でも裁かれる　84／集団に溶け込めない僕　88

「モテ期三回説」の真実　93／「夢＝職業」ってなんか変　96

私が思う大人の定義　101／「十三日の金曜日」の誤解　104

「女性」を武器にするな！　108

◎ホームルーム　「心に残る学級日誌①」　113

第二節　教室からは世界が見える　115

ドイツ留学で考えたこと　115／卑怯？　それとも技術？　120

ありのままで！　124／非母国語　127

ハーフに関する考察　130／謝罪？　感謝？　134

私的アイドル論　138

◎職員室　「日誌教育のコツ」　143

第四章　愛すべき日々　ある日の学級日誌③　145

第一節　毎日がスペシャル！　146
Ｖｉｖａ！サッカー！頑張れニッポン！　146／愛される「嵐」　150
イタリアを応援する僕　153／アメリカの現実　156
憧れの東京　159／気配りは大事　162
◎ホームルーム「心に残る学級日誌②」　165

第二節　お家に帰ろう　168
私のコンプレックス　168／子・親・家族　172
お母さんとのケンカ　175／お父さん大好き！　178
お母さんはアイドルおたく　182
◎職員室「学級日誌のルール」　186

第三節　前を向いて　188
試練は益となる　188／つらい今を乗り越えて　194
感謝する心　198
付録　日誌教育Q＆A　205
あとがき　211

昭和薬科大学附属高等学校　第三九期

三年E組　名簿（姓及び敬称略）

拓之伸　勇気　俊輝　龍希　真　正樹　紀一朗

康太　実朗　敬大　朝貴　恒太　敬　桐佑

冴耶　花梨　典彩　愛　咲子　璃夏　わかな　結　夢

早紀　莉衣　真菜　由稀　日奈子　総季　彩華　珠波　梢

華奈子　真季　美月　亜紀　愛華　さくら　望　怜奈　藍紀

百合香　麗

担任　砂川　亨

第一章　学級日誌と私

第一節　学級日誌と私

私が勤める昭和薬科大学附属高等学校・附属中学校は、復帰後の沖縄教育再興を旗印に、昭和薬科大学（所在地は東京）唯一の附属校としてスタートしました。設立当時から進学校としての道を歩み、現在は沖縄でもトップの成績を収め、医学部進学率では全国でも上位にランクインするまでになりました。中高一貫教育を掲《かか》げ、入学した二百余名の生徒は志を同じくする仲間と六年間を切磋琢磨《せっさたくま》します。教師には転勤がなく、六年間の成長を見届ける喜びを味わえることが利点です。

生徒は素直で真面目。好奇心や向学心が強く、個性的な視点や思考をする生徒も多い、教師としても刺激を受ける環境です。一方で自身の考えを表現することにはとても慎重です。自己表現が苦手と言ってもよいでしょう。優秀であるがゆえに他者の評価を気にするからかもしれません。せっかくの素晴らしい能力も、人の目を気にしてなかなか開花しない。それが薬科生に対する私の素直な印象でした。

思いを自由につづる場所

私は大学を卒業してすぐに本校に赴任《ふにん》し、その翌年に初めて中学二年の担任を任されました。まだまだ新米だった私が気がかりだったこと。それは生徒との交流でした。年齢も立場も異なる生徒と先生。その両者が互いの内側に入り、理解しあうためにはどうすればよいのか。授業やホームルームの時間だけでは限界があります。一人ひとりと交流したくても、生徒は授業や部活、あるいは塾・お稽古《けいこ》事で忙しく、私も教材研究やその他の業務で手一杯です。

悩んでいたある日、ふと思い出したのは小学生時代の自分自身でした。私の担任は、どの提出物にもたくさんのコメントを書いてくださいました。自分の拙《つたな》い表現や幼い考えにもしっかりと向き合ってくれる。一人の人間として認められる喜びと誇りとを、その時の私は子供ながらに感じ取っていたのでしょう。

生徒が自由に思いを伝え

先生は生徒の思いを汲《く》み取る

ことばの力を通して
互いの存在を認め合う
思いを自由につづる場所
確かどこかにあったような……

あっ！
学級日誌！
学級日誌を上手に利用はできないだろうか？

第二節　学級日誌とは？

まえがきでもお話ししましたが、学級日誌とはクラスの記録簿です。日直に割り当てられた生徒が、その日の学級の様子を記します。

中身は「その日の天気・授業の科目や内容・清掃状況」が一般的ですが、その他に「日直の反省」や「今日のＭＶＰ」、あるいは「授業で学んだことを一つ」などもあります。日直は下校するまでに学級日誌を書き上げ、受け取った担任は日誌に目を通し、コメント・検印を残す。

この繰り返しによって学級日誌はクラスの歴史を編みこんでゆくのです。

一方で、学級日誌はマンネリになりがちです。日付や天候などの記録に始まり、一日の時間割とその学習内容を事務的に書き、最後に感想や反省を一行程度で書いて済ませる……。先生も、多忙のあまりに「よく頑張りました」「次回は気をつけるように」など、ありきたりの返事を走り書きして終わり、という光景はよく見られます。

また、学級日誌が日直の反省部屋として、あるいは他の生徒の悪い行いを告発する場として利用されるケースもあります。

クラスの誰もが目を通す学級日誌。

けれどありきたりになりがちな学級日誌。

そんな学級日誌の中に生徒と私が交流する場所を作る。

私の学級日誌は、こうしてスタートしました。

たくさん書く

交流の場として学級日誌を作るために、私がこだわったのは「たくさん表現する」ことでした。書くこと。とにかくたくさん書くこと。伝えたい気持ちも、そのための技術もひたすら書くことによってしか作られないと私は感じています。だからこそ、生徒の書く分量にはこだわりました。

次ページの写真を御覧ください。これは学級日誌のある一日を写したものです。左ページは、日付、天候、授業内容などのいわゆる〝普通の〟日誌の部分です。そして右ページがこの日誌の目玉となる「コメント欄《らん》」です。たっぷりと十六行、最低でも三百字以上のスペースになるこの欄を全て埋める。それが私の課したルールでした。

このルールを発表したとき、生徒たちは「ありえな〜い」「絶対ムリ！」と反発しました。私はこの反応をある程度予想していました。もともと書くことに慣れておらず、自分の文章がクラスメイトに読まれる恥ずかしさがあったはずです。普段から勉強に追われて余裕のない生活を送る中で〝なんで日誌なんかを書かなくちゃいけないの?〟という思いも強かったでしょう。

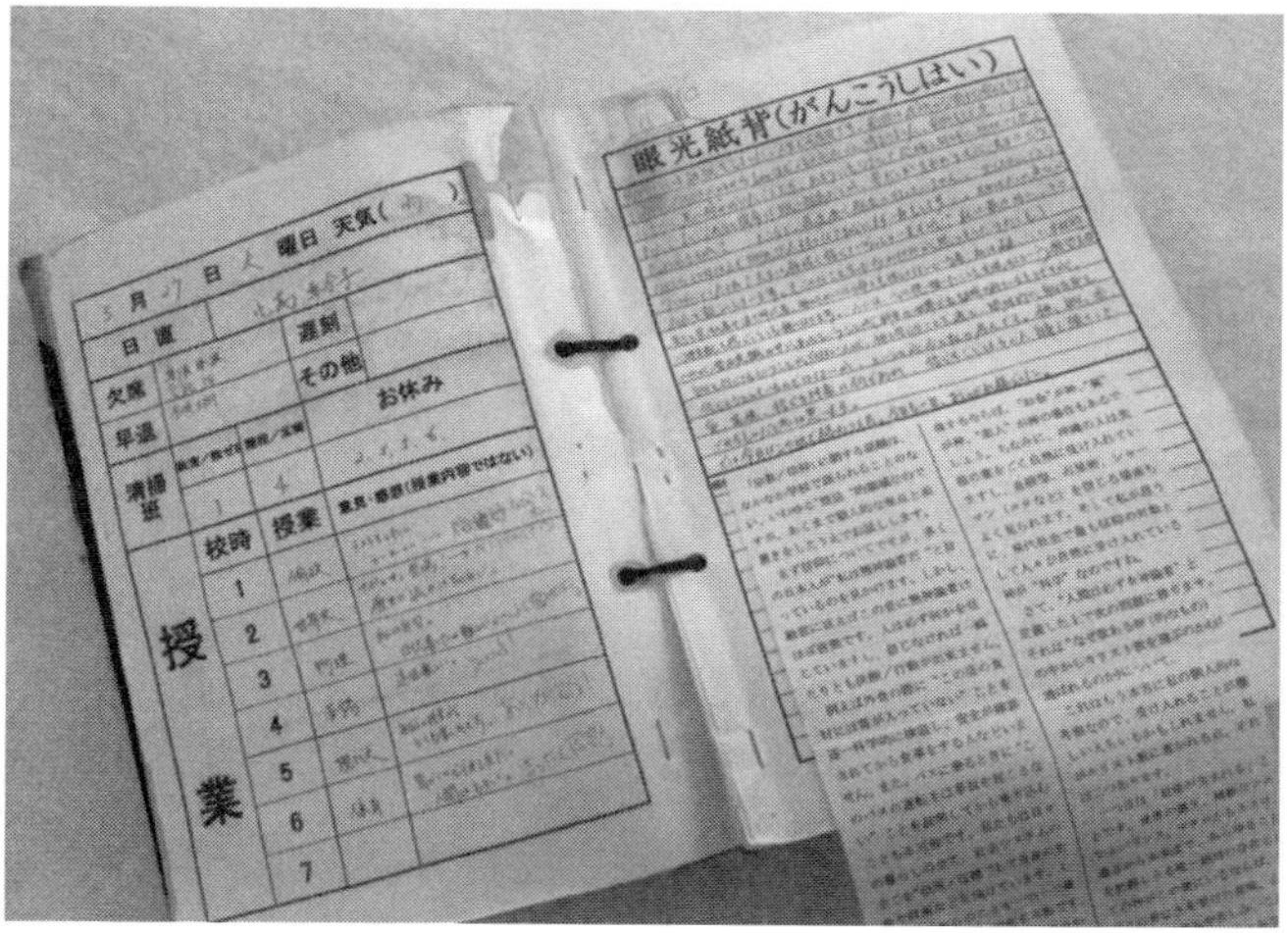

しかし私は敢えて厳しく、

「日直は必ずスペースの八割は埋めること。サボった者は翌日も日直！」と告げて、さらなるブーイングを受けることになります。

私の掟《おきて》

鳴り止まないブーイング。しかし、

「私も必ずコメントを返す。君たちは日直が回ってくる二ヶ月に一度書くだけでいい。私は毎日、しかも君たち以上の量を書く」

これで不服そうな声はピタリと止まります。

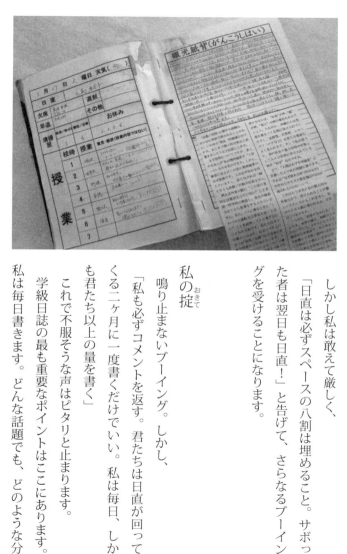

学級日誌の最も重要なポイントはここにあります。

私は毎日書きます。どんな話題でも、どのような分野にも必ずコメントをつけます。そして生徒が書いた字数よりも必ず多く、私が返事を書くのです。

先程も述べましたが、自分の気持ちにしっかりと向き合ってくれる人がいる……この思いがさらなる表現へのエネルギーとなります。生徒がたくさん書いても、担任のコメントがたった一言では〝書こう！〟という気持ちは決して育ちません。逆に、内容をしっかりつかみ、まじめに向き合ったコメントは、ほかならぬ自分に向かって話しかけられる喜びにつながります。ですから私はささやかな掟として、この約束を守り続けています。

第三節　試行錯誤の日々

こうして始まった学級日誌ですが、初めはとまどいの連続でした。教師として日も浅く、授業とその予習に追われる中で、生徒以上の分量のコメントを毎日書き続ける。その大変さを、私はすぐに痛感しました。特に四月～六月の時期は大変です。それは生徒もなかなか上手に書けないからです。新学期の慣れないクラスで、生徒がいきなり自身の内面をさらけ出すことはありません。ですから、日誌もまた事実だけが淡々と並ぶことになります。

「今日は数学で新しい公式を学びました。勉強になりました。」

「給食はとても美味しかったです。午後は眠くなりました。」

このような文章が続くと、コメントを書くのも一苦労です。私はなんとか話題を絞り出し、息切れしながらもコメントを続けていきました。

救世主現る！

しかし、どんなときにも救世主は現れます。実は日直に当たることを楽しみにしている生徒が、クラスに一人二人は必ずいるものです。書くことが好きな生徒。いろいろと考えている生徒。そんな生徒は自身の日直が回ってくると、とても楽しそうに自分の意見や最近ハマっていることなどを書いてくれます。このチャンスを私も逃しません。いつも以上にたくさんコメントを書きます。場合によってはネットを用いてある程度の予備知識を入れて、同じ話題を更に盛り上げる文章を用意します。

先生が本気で書いた文章に、生徒はとても敏感です。朝のホームルームで次の日直に手渡すのですが、前日の〝旧日直〟が近づいて「ちょっと見せて」と自身の文章へのコメントを読み出します。その様子を私は素知らぬ顔でチラチラ見ます。（内心は合否の判定を待つ受験生のような心持ちですが。）そして食い入るように読む本人の周りに他の生徒が集まりだすと、私は心のなかでガッツポーズをするのです。

こうなれば、後はスムーズです。どんな話題でもしっかりとコメントが返ってくる。その信頼は、生徒の書く意欲を刺激するようです。日直も三巡目ぐらいになる二学期後半になると、家で自分の趣味や意見をワープロで書きつづり、それを日直当日にのりで貼り付ける強者《つわもの》も現れます。そんなときは私も嬉しい悲鳴を上げながら、その文章以上のコメントを書くのです。

新しい挑戦

このようにして編まれた私の学級日誌は、今では十冊以上を数えます。それぞれに懐かしい、生徒と私の対話集であり大切な宝物です。今でもときおり眺めては一人で笑ったり考えたりしています。

しかし、家族の事情で長い間担任から離れる時期が続きました。そして約十年ぶりの担任、しかも高校三年の担任を受け持つ機会が訪れます。それが今回、みなさんにお見せする「南の島の学級日誌」です。

これは、平成二十六年に私が受け持った高三Eクラスの生徒が、日誌に青春の日々をつづった文章がもととなっています。このクラスは「文理合同クラス」(文系と理系の混合クラスのこと)で、英語以外は一緒に授業を受ける機会がありません。しかも私は文系の現代文担当だったため、理系の生徒とは担任としての触れ合いしかありません。それだけにこの日誌は理系と文系の、そして理系の生徒と私との、大切なコミュニケーションの場でもありました。

久しぶりの担任。生徒は受験という大きな試練に立つ高三。「今回の日誌は、持てる力の全てを注ぎ込もう!」私はそう決意しました。ただでさえ受験への不安と焦りを抱える生徒に日誌を課すのですから、生半可な返事は出来ません。私は先ほどの掟に加え、次の四点を心がけました。

①共感される喜びを味わってもらう。
②どんな話題も学びにつながることを知ってもらう。
③日誌を書いてくれた生徒への感謝の気持ちを素直に伝える。
④教師、そして大人として圧倒的な〝ことばの力〟を見せつける。

こうして出来上がった日誌は、私の予想をはるかに超え内容の充実したとても素晴らしいものとなりました。

そして「日誌教育」へ

今回の学級日誌から、私はいつにもまして多くの事を学びました。継続する努力、生徒の秘めた思い、共感する空間の心地よさ。これらは次第に私の中で「日誌教育」というキーワードでまとまっていきました。

今回、学級日誌の書籍化を通してみなさんに知っていただきたいこと。それは「日誌教育」という古くて新しい試みです。紙に文字を記すことで自己を示し他者を知ることの意味、そして共感、連帯、尊重の精神を学ぶ意義を、この学級日誌で感じてもらえるならば、それは立派な教育の一つだと、私は考えています。

さあお待たせしました！ いよいよ学級日誌の森に分け入りましょう！

第二章　たかが学校、されど学校

ある日の学級日誌①

第一節　拝啓 学校殿

生徒は学校で多くのことを学びます。しかし一方で、生徒は学校にさまざまな疑問を持ち、ときには矛盾を感じることもあります。学級日誌はそれらを受け止める場所として機能します。第一節では学校に関するさまざまな思いを綴った文章を集めました。意見や批判も、明日のよりよい学校づくりの糧となります。

上級生として物申す！

（日直）勇気

最近（というか三年くらい前から）、本校の生徒の精神年齢が下がってきているように思う。例えば、僕らの一つ下の学年の生徒が、廊下全体に響く程大きな声で友達の名前を呼んだり、掃除時間に相撲をして大暴れしている男子を、女子が笑いながら蹴ったりしていた。これを見てすごく不愉快になった。他にも、スクールバスでのマナーが悪いだとか、あいさつや謝罪、感謝の一言も言えないだとか、本校の生徒としての自覚に欠けているのはもちろん、一人の人間としても不完全な部分が多すぎる。

その原因はなんだろうか。親の教育が悪いというのも一因ではあるだろうが、先輩である僕らにも、彼らを注意せずにほったらかしにした責任がある。これからは変な行動をする後輩たちを、できる限り僕らが注意して、恥ずかしい行動をしないように再教育していければいいなと思う。

若者の『壁』となれ

この手の話題で思うことが二つあります。一つ目は「歴史は巡《めぐ》る」という感覚。実は私も勇気君とまったく同じ印象を本校の生徒に持っています。正確には「就職して以来20年近く、毎年持ち続けている」と言うべきでしょうか。年々生徒の質、行動様式が低年齢化、幼稚化している懸念があります。今年の高三は前回担任した時代よりも確実に幼くなっているし、その生徒も前々回に比べたらさらに子どもっぽかった……

うん？ 待ってください!? では、どの時代ならば理想の生徒が居たのでしょうか？ 私が学生だった頃？ いやいや、私たちは「新人類」のレッテルを貼られ、大人たちから異端視《いたんし》されていたものです。私が学生時代だったころの大人の口癖はと言えば「最近の若者は幼稚になった……」そう。これは永遠に繰り返されるセリフ。私たちは自分たちのことを「棚上げ状態」にして、若い人を苦々《にがにが》しく眺めます。少し大人になって、物の見方やマナーが身についた状態から振り返ると、意外と年下が頼りなく見えるものです。

もちろん、本当に何かが低下していることは事実かもしれません。しかし、その後輩たちも君たちと同じ高三になったときに、自分たちのことはすっかり忘れて「今どきの若者は……」と同じセリフをきっと語るでしょう。これは勇気君を否定しているのではなく、私たち人間が通る道を、君もまた通過中であることを伝えたかっただけです。誤解しませんように。

二つ目は、勇気君をはじめとして、君たちの世代が、いよいよ大人の仲間入りをしたのだなあ、という感慨《かんがい》。いつの世も大人は若者の「壁」になります。導き手になると同時に、若者の放埒《ほうらつ》な振る舞いを食い止める「壁」となり「杭《くい》」となる、そういう世代に君たちが入ってきたことを、勇気君の文から感じました。大人はこれからも若者にけむたがられる存在になるかもしれません。けれど、それが大人の大切な役目だと信じています。若者が正しく健《すこ》やかに成長するならば、多少の「ヒール役」も楽しいものです。私は良い意味で君たち高三の「壁」、そして「杭」でありたいと思います。乗り越えにくい障害として立ちはだかり、そして乗り越えてもらいたいと望んでいます。

偏見脱却のための学び

（日直）美月

今日の世界史で、伊藤博文を暗殺して韓国で英雄扱いになっている安重根《あんじゅうこん》が出てきました。そこで、偏見って怖いなと思った話を書きたいと思います。

私が安重根を知ったのはほんの数ヵ月前です。何かのニュース関連で知りました。その時は、時代背景なんかは知らなくて、韓国人が安重根の銅像をあちこちに立てて讃《たた》えていることをひどいと思っていました。韓国の人は何で日本の人を敵に回すようなことをするのかと。

でも、最近日本が昔に韓国を強制的に植民地化していたということを知り、ひどいと思っていたことを申し訳なく思いました。相手の立場になって考えると、日本の植民地化を率いていた人たちを嫌い、その人を倒した人を讃えるのはむしろ当然だと思いました。そしてその時にやっと、世界史や日本史を学ぶ意義が分かりました。何も知らなければ偏見が生まれるなーと。色々な分野のことに見聞を広めることは大切ですね。これからは興味のない分野でも少し勉強してみたりします。

それぞれの視点

「そうです！ だから歴史を学ぶことは大切なのです！ 歴史を学ぶことで偏見は消え去ります！」

たぶん私は右のフレーズを用いることはないでしょう。なぜなら歴史はそのものが〝誰かの視点〟でしかないからです。日本側から見た視点、韓国側から見た視点。

それぞれに世界があり、それぞれに正義がある。どれが正しく、どれが間違いなどはない、とこのごろ特に感じます。もちろん、美月さんが新しい視点を獲得したことはとても喜ばしいことです。もしあなたが、その意味において歴史の重要性を指摘しているならば、私も大いに共感し、賛同します。他者の視点を学ぶ意義はとても大きいですからね。

ただし、そのどれか一つを絶対的真実あるいは普遍的正義と勘違いしないよう、常に気を付けてください。日本の歴史が語る事実はあくまで事実でしかなく、真実ではありません。同様に韓国が語る事実もまた、真実には程遠いかもしれません。ただ多種多様な見方が存在すること、その存在をそれぞれ認めること。これが大切です。もちろんいつか、どこかで人は決断を迫られる場合があるでしょう。特に歴史の場合は、自国に有利な歴史観を持つことを強制される場合もあるはずです。

しかし一つの歴史観だけしか知らずに、それを絶対化しながら受け入れることと、多様な視点の中で違いや矛盾も織り込みながら、主体的に決断していくことの間には大きな隔たりがあります。美月さんはきっと、今までとは異なる大きな視点を獲得し、その興奮を日誌にしたためたのでしょう。その視点を、いつかさらに相対化できる新しい視点を、これからも探し続けてください。

最後になりますが、伊藤博文を暗殺した人物が韓国で英雄となっているようですが、この中には「民族全体の命」と「伊藤博文の命」の天秤《てんびん》が無意識に行われ、前者に軍配があがっていますね。「人の命は地球より重い」。使い古された言葉ですが、それを貫き通すのは意外と難しい理念であることが、改めてよくわかります。

歴史から学ぶこと

（日直）真季

成績の善し悪しにかかわらず、私は歴史が好きです。中一の頃に地理で「アメリカという国は（もちろんネイティブアメリカンもいましたが）、ヨーロッパからＷＡＳＰがわたってから作ったんだ」という話をききました。もともとそこには〝本物のアメリカ人〟という人たちがいて、日本の平安時代のように独特の文化を発展させてきたんだろうな、と漠然《ばくぜん》と考えていた私には非常に衝撃的でした。

最近の話をすると、高一のころに、「日本は北海道、沖縄に縄文系の人が多く住んでいる。」という話を聞いたとき、両親、祖父母、その一つ上までは確実に沖縄の人であるのに薄めな私の顔に疑問を持ちました。おいおい聞くところによると、先島諸島には、日本本土のように大陸から渡来してきた人の子孫がいて、その人たちの中に色が白かったり、薄い顔の人がいるところがあるそうで、自分のルーツに興味を持ちました。調べてみると、法要《ほうよう》、供養などと言って申請すれば何代か先までは戸籍をさかのぼれるらしく、（お金はかかる）大学入学が決まればすぐに入手しようと思いました。

話を戻しますが、知らなかった史実を知ることは楽しいです。が、特に最近の歴史を見ていると、既特権益《きとくけんえき》を持っている人はなかなかその地位を放さず、弱者であった人たちが特権を与えられると保守化する、というのがずーっと繰り返されているのがわかります。

同級生の中には、将来日本の社会づくりに直接的に関わって

いく人がいると思いますが、自身の欲を満たすだけでなく、初めの信念を曲げず頑張ってほしいと思いました。（という私は将来何をしているのでしょうか、まだわかりません。）

ベクトルを定めず書いていたら混沌《こんとん》とした文になってしまいましたがもう書き直す時間もないので容赦《ようしゃ》して下さい。次回に期待……。

歴史とは物語なのだ！

歴史はとても面白いですよね。私も文系人間として、学生時代から歴史に~~苦しめられて~~親しんで来ました。特に戦国時代や幕末、あるいは明治以降の文学史には個人的にも興味を持ったことを懐かしく思い出します。真季さんのお顔は確かに本土っぽいと感じていましたが、戸籍を遡《さかのぼ》ることによってルーツがわかると面白いですね。結果が出たら教えてください。

ルーツの話に関して、最近読んだ新聞記事に「精子提供によって生まれた人々が、大人になって苦悩を抱える問題」が掲載されていました。自分の誕生がまるでモノであるかの如《ごと》き印象を受ける、あるいは自身のルーツの半分が霧の中に隠れているようで不安だ、という感覚に陥《おちい》るようです。人は自身が必然を持ってこの世に生まれたと思いたい生き物。たんなる偶然の産物、男女の快楽の副産物などではなく、望まれ、必要とされ、この世に生まれ出る意味や使命を携《たずさ》えてやって来た……と感じたい本能を持っているのかもしれませんね。

ところで「歴史」という言葉が出てきたので、現代文の授業でも繰り返し教える大切な「引出し」を改めて書いておきます。

「歴史とは物語である」

アウグスティヌスや道長を、坂本竜馬やケネディを教科書中の歴史として取り上げるのは、どこまで行っても恣意《しい》的な決断に過ぎません。歴史とは、海の砂ほどに莫大《ばくだい》な過去の事実の中から、特定の人々が自分の好みに従って選び出した創作であり、作者の思いや策略、夢や欲望がうずまく物語と言えます。この部分をきちんと押さえず、いたずらに「歴史＝科学的真理」のごとく信奉《しんぽう》するとき、人は間違いを犯しやすくなります。

もしかすると真季さんが指摘した愚かな歴史のリフレインは、歴史、あるいは歴史教育を単なる暗記科目として取り扱ってきた教育現場にも原因の一端があるかもしれません。これは社会科の先生だけの問題ではなく、子どもたちを導く大人全体が考えるべき問題です。真季さんもそのあたりを心に留めつつ、未来の夢に向かって進んでください。

大人になっても役立つ科目

（日直）さくら

今までの日誌見ていると、これ、本にしたらまあ売れそうなくらいみんなすごい文章を書いててびっくりです。私も高三らしい文章を書けたらいいと思って書きます。

私、社会科目は世界史をとっています。小学生くらいのとき歴史のまんがとか好きだったので今は社会の授業がある日はとても楽しみな一日です。けど、やっぱりなんだかんだ言って今、一番好きな科目は政経でした。思想系はだめすぎて倫理はやめました（涙）。政経はＭ先生だったんですが、ブラック企業とか田舎の富山県の話とか本当に楽しかったです。政経やってると、ニュースがさらにおもしろく見れて今まで知らなかった労働基準法とかもわかって、将来役立つ科目トップ3には絶対入ります。

最近ニュース見て気になるのはエジプトとかタイの革命です。私は日本に住んでいるからこういう革命とか一七世紀、一八世紀のヨーロッパのイメージしかありませんが、海外でも実際に起きていると思うと、私と同じ年の人たちはどう思ってどうやって過ごしてるんだろう？ って思います。政府から外出は控えるようにって言われても中学生だったらどっか行ったりしそうです。考え甘すぎるのでしょうか？

こういうニュースを見てるとやっぱりジャーナリストになりたいと思います。紛争でもクーデターでも現地に行ってそこの人の話を聞いたりできるのはとってもいい仕事だと思います。

国境なき医師団に入って人を助けることも憧れます。こういう仕事に憧れるけど、自分が将来やってる姿は想像できません。

んー、何を言いたいのか分からないですが、おわります。

インターハイの人おつかれさま☆

革命の光と影

実は私も、君たちが卒業する時にこの日誌を書籍の形にしてプレゼントできないかな？と考えたりします。現実的にはなかなか難しいかもしれませんが……。

政経はたしかに生きた現代社会の仕組みやその背景を学ぶ科目なので、実践的で楽しいですよね。

特に最近は社会が複雑なので、これらの知識がある人とない人との間に格差が生じている気さえします。頑張ってください！

今日のメインテーマは「革命」。革命とは既存《きぞん》のシステム（政治、経済、権力など）に対する根本的な拒否を突きつけることであり、社会のあらゆる価値基準がリセットされることを意味します。私たちのように平和が半世紀以上続いている国ではなかなか想像が難しいことですが、その渦中にいる人の痛みや苦しみをきちんと理解する必要はあります。

加えて、いつの世も多くの犠牲や代償を支払うのは女性と子どもだということ。特に子供は、その後の長い人生に大きな影響を与えるだけに深刻です。大人の男性は、自分たちの狭い視野で「これは聖戦だ」とか「死ぬまで戦おう」と叫びます。

しかしそのときに、女性や子供の姿をまったく見ていない気がするのです。マクロの視点でみつめると、革命が美しき必然のように感じられるときもあるでしょうが、その時間と空間の中に置き去りにされた子供たちの心は、誰にも癒《いや》すことはできないのもまた事実。

私は社会科という科目は、マクロ的な視点を養う点では非常に大切だと思っていますが、個々人の心に寄り添うにはあまりに無機的であるとも感じています。だからこそ、国語（特に現代文）という授業があるのでしょう。（ちょっと手前味噌ですが……。）

ジャーナリストにしろ、国境なき医師団にしろ、人々の幸せのために働く職業は素敵です。ただし、そこには危険が常に隣り合わせであることも自覚しなくてはいけません。

そしてそれでもなお、その大きな目的に進む人を、私は〝英雄〟と呼びたいと考えます。歴史に名を残す人だけが英雄なのではなく、名もない人の幸せのために働く人、それが本当の英雄です。

さくらさんも英雄になってください！

土足解禁に反対！

（日直）結

今更どうにもならないことではあるし、本当に嫌というわけでもないのですが、慣れるまでちょっと困るだろうなと思うので、来週からの校舎内土足解禁について、反対意見を述べてみようと思います。（※注　新校舎建設の都合で、校内が上履《うわば》きから土足へと変更されました。）

私は校内土足解禁について反対です。理由は二つあります。一つ目は、土足により、校舎内は泥や砂ぼこりで汚れることです。雨が降ったりした日には、校内がビチョビチョの泥だらけになることは目に見えています。模試の時にはリュックなどを廊下に出さなければいけなくなるのに、その日雨が降っていたらどうしたらいいのでしょうか。

二つ目に、校内の一部は上ばきでないと入室不可であり、非常に面倒な事に上ばきを持ち歩かなければならないということです。保健室にも土足禁止という話を聞いたのですが、もしそうであれば、保健室にはいつ行くことになるかわからないので、その為に常に上ばきを持ち歩かなければならなくなります。以上の理由から、私は校舎内土足に反対です。本気の反論とかされたら泣きます。ついでに、机の横にということでしたが、他にも鞄《かばん》がたくさんあって上ばきの置き場に困るので、靴箱の撤去にも反対です。

土足解禁の功罪

実はこのコメント、少し遅れて書きました。ですから実際は、みなさんも少しは土足生活に慣れたころだと思います。この時点でわかっているメリット／デメリットのお話をすることで結さんへのお返事にしたいと思います。

まずメリットから。第一の利点は何と言っても楽であること。今までは上履きのあるところまで回ってからでなければ、校内に入れませんでしたが、今はどの玄関からも自由に出入りできます。また、上履きの管理をしなくて良いのも楽と呼べる点の一つですね。

もう一つの重要なメリットは「見た目」になるのでしょうか。特に女子の場合、黒いローファーを履く生徒が多いようです。またその靴には多少のヒールがあるので、見た目が少しだけ大人びて見えるのはプラスポイントとして数えてもいいと思いました。

更にもう少し敷衍《ふえん》するならば、靴は意外と各人の個性を反映します。したがって画一的な上履きではわからなかった、それぞれの個性を靴から読み取ることができるのも、先生側としてはありがたいことです。

次にデメリット。これは結さんのご指摘通り、校内が汚れる点です。土足であるがゆえに、どうしても砂や土を校内に持ち込みやすい。欧米などと異なり、グラウンドが芝生ではなく赤土の状況では、一層深刻です。加えて土足に対応した校内仕様になっていません。ふつうは砂やほこりの巻き上げ防止のために、アメリカなどでは毛の短いカーペットなどを敷くのが一般的です。清掃は掃除機で行いますが、そのような環境の整備が追い付いていないのは問題ですね。

また、環境ついでにお話しすると、これまた結さんの指摘にあった、「荷物の置き場」問題もあります。確かにいろいろと課題点はありますが、新校舎建設のためにどうしても必要です。なにとぞご理解の上、上手に対処してもらえるとうれしいですね。でも、結さんの気持ちもわかります。どうせ大学はほとんど土足なのだから、今ぐらい上履き生活を満喫《まんきつ》したいですよね。同情します。

家は安らぎの場であるべき

（日直）総季

こんなに長い日誌を書くのは初めてで少々困っていますが、頑張りたいと思います。何を書こうかな？と考えたときに〝学校への建設的批判は歓迎〟とあったので、学校への意見でも書こうと思います。あくまで私個人の意見ですが「学校を夜十時まで開校する」ということ、「休日の使用教室の拡大」を希望します。

まず、よく学校の先生は「塾に行かなくても合格できる」と言いますが、それは自宅学習が出来る人の場合だと思います。私は家を「休息の場」として、寝たりお風呂に入ったりする場にしたいのです。

もちろん、中一～高二までに自宅学習のスタイルを身につけていないからだ、という批判はあると思います。しかし、とにかく「家」＝「安らぎの場」としたい自分にとっては「学校は夜八時までしか開けない」のに、「塾に入らずとも合格できる」なんて無理です。また、家でやろうと思っても、隣の

家が月曜日の夜九時～十二時までホームパーティーを開催しているので、少し難しいのも理由の一つです

また、休日は中一の時よりも使用できる教室がグッと減り、まだ遊び盛りの中学生もいる中で集中しにくいなどもあります。なので私は上記の事を学校に言ってもらいたいな、と思います。まあ単に自分が勉強してこなかったのが悪いのですが（笑）。八つ当たりです。

家では安らげなかったよ！

今日の総季さんのコメントは、なかなか面白い所を突いていて、私としても勉強になります。いくつかのポイントにわけてお答えしたいと思います。

◎「学校の居残り」について

総季さんの意見、とてもよくわかります。学校が学習に最適の環境であることを考えるとき、開放は私としても賛成です。ここで問題になるのは管理上の問題です。第一に、夜十時まで開放するためには、それまで監督をする大人を配置する必要があります。警備員の増員は経営負担になるし、先生を配置するにはいろいろと支障が……。あっ、これは学校

側の問題ですね。言い訳はしないで、潔《いさぎよ》く受け止めましょう。生徒及び保護者の意見として、管理者に報告しておきます。すぐには改善されないかもしれませんが、行動はします。

◎「家＝安らぎの場」について

家が安らぎの場になっていると公言して憚《はばか》らない総季さんをとてもうらやましく、また不思議な気持ちで眺めている自分がいました。

私事で恐縮ですが、私が高校生の頃、家＝監獄のイメージでした。常に監視され、学習を迫られ、自由を満喫《まんきつ》できません。弟と同部屋だったこともあり自分だけの世界、自分だけの城が欲しいと切実に願ったのもこの時期でした。なるべく遅く家に帰り（といっても我が家の門限は午後五時でしたが）、朝はできるだけ早く家を出る。学校だけ（ただし授業は除く）が唯一の居場所だった私にとって、家を安らぎの場と位置付けられる総季さんはうらやましい限りです。私は大学生以降、帰省の短い期間を除き、実家で生活を再開したことはありません。

◎「八つ当たり」について

八つ当たりの語源を知っていますか？日本では八方位（北、北東、東、南東、南、南西、西、北西）を以て三六〇度＝全てを表します。だから「嘘八百」「手八丁口八丁」「八方美人」などの〝あらゆる方面〟を表す時には「八」が使われます。ちなみに「嘘の五・三・八」と言って、でたらめな数字をでっちあげるときには、日本人は無意識に「3・5・8」を多用するそうです。特にお金を確認するときに、上記の数字が多い場合は要注意！

古典が好きになる方法

（日直）典彩

私は古文があまり好きではありません。だって登場人物は役職の名前で呼ばれることが多いじゃないですか。親近感がわきにくいです。

そんな私でしたが、最近古文が楽しくなってきました。漢文はある出来事を例に教訓で結びます。古文は内容がセンセーショナルじゃないですか？「一夜の逢瀬《おうせ》→手紙こない→出家」最近やった古文では、このループが多いです。当時の文化の一部なのだとも思います。あの頃の人たちは出家がポピュラーな選択肢の一つですよね。古文を読むと、当時の人の風俗や人間性を知ることができます。

もう一つ。これはふと思ったことですが、身分の高い人は、直接名前を呼ぶのがはばかられるということで、役職で呼んだりしますね。ハリー・ポッターシリーズの中で、ヴォルデモートという悪の帝王がいます。魔法使いの人達は「ヴォルデモート」のことを「名前を呼んではいけないあの人」と話します。この二つ似てませんか？　二つがつながったとき、脳の中でシナプスが生まれた感覚は爽快《そうかい》でした。

今も昔も変わらない

典彩さんらしい、エッジの効いた文章で楽しめました。「じゃないですか」の呼びかけなどは、典彩さんが傍《かたわら》にいて「聞いて聞いて」とはしゃぐ様子が目に浮かぶぐらいです。
英語と古文。どちらも「イマ・ココ」の軸がずれている異語ですよね。英語は同

じ時間を生きるけれど、空間の異なる言語。古文は同じ空間には生きていますが、時間が異なる言語。関数のX軸とY軸の違いみたいなものです。もしも両者の間に決定的な差があるとすれば、英語はインタラクティブ（双方向性）ですが、古文は一方通行という点です。タイムマシンが発明されない限り、私たちは昔に遡《さかのぼ》ることはできません。過去に発せられた情報を一方的に受け取るのみ。だから英語に比べて古文のモチベーションが下がりやすいのは、勉強が受信一辺倒であることにも一因がありそうです。

しかし、典彩さんのように視点を変えて、現代の現象との異同を感じることが出来るならば、古典ももっと楽しくて身近なものになる気がします。ハリー・ポッターのヴォルデモートと高級貴族を共に〝言葉にできない者〟という共通項でくくる斬新《ざんしん》な発想も素敵です。古文も学ぶ側が少しだけ視点や思考を変えるだけで、ぐんと楽しいものになるはずです。

ところで、私が初めて古文に目覚めたのは「方丈記」と出会ってからです。一般的には鴨長明が俗世を捨てて、方丈庵（掘立小屋《ほったてごや》です）に住み、達観《たっかん》した心情を述べる清らかな隠遁《いんとん》生活……を想像します。しかし一説によると、鴨長明は琴の名手でありながら、一子相伝の秘曲を他人に自慢したくて披露してしまい、破門になった腹いせに山に逃げて俗世の悪口を書き散らす……となっています。私の卒論はこの鴨長明をテーマとしたものですが、自分で調べていくうちに〝なんて人間臭いんだ!〟と感じました。

昔も今も人の心に巣食う虚栄や嫉妬、屈折した心情はまったくかわらないことを発見し、急に古《いにしえ》の世界が身近に感じたものです。ですから受験が終わったら、二度と古文には触れない!と言わずに、現代語訳でもいいので様々な作品に触れてほしいなと思います。

◎ホームルーム「『学級日誌』vs SNS」

現在はネットによるSNSが普及しています。タブレットやスマホを通じて、誰でも手軽に〝文字による交流〟が可能です。従って「紙媒体《ばいたい》の学級日誌は古い」という意見が出てくるのはある意味当然の流れでしょう。それでもなお、私が昔ながらのスタイルにこだわる理由。それは「共有意識の感覚を育てるため」です。他の生徒の直筆を味わいながら読みふける。頭を突き合わせ、肩を寄せ合い一冊の日誌を覗《のぞ》きこむ。そこから笑いや話題が広がっていく。時と場を共有し、他者の温もりや息遣いを感じられる。これらはSNSでは得られません。せっかく教室という空間で同じ青春を生きているのですから、日誌ぐらいネットの力を借りなくてもよい、と私は思います。

しかし、今年度(平成二十六年度)の日誌は今までと異なる点もありました。それは私のコメントが〝ワープロ書き〟になったことです。今回は、より多くの話題、より深い思索、より広い視野を私のコメントで提供したいと考えていました。それを実現するためには、手書きでは手間がかかりすぎ、紙面も足りなかったのです。生徒は頑張って手書きで書いてくれました。それだけに少し申し訳ない思いがありますが、その代わりにたくさんの想いをスペースの許す限り詰め込みました。これで許してくれるかな?

第二節　Ｄｅａｒ　Ｆｒｉｅｎｄｓ！

学校は「友と出会う場所」。学校で学んだことを忘れても、学校で出会った友との思い出は一生の宝もの。友についての話題は、学級日誌でも常に主要な位置を占めています。友との出会い、語らいを集めたこの節は、読者のみなさんに共感をもって迎えられるのではないでしょうか。

薬科は変な人ばかり

（日直）日奈子

私は本校に入学して、この地球上にはいろんなタイプの人間がいるのだなと常々感じています。本校の特徴を表現する言葉と言えば、自由・個性的・自我がはっきりしているといったところでしょうか。私の友達にもたくさんいます。人を怒らせて放置したり、どっちがいいか聞いたくせに私が言ったのとちがう方を選んだり、質問したくせに自分で答えちゃう、などなど。最初のうちは困惑しっぱなしだったんですけど、慣れてしまうと、その斬新《ざんしん》さにいつも感動してしまいます。

この世には「普通の人」はいないのだと思います。「普通」という概念が各個人によって違うからです。だから、よく「変人」と言われる人たちもそれが「普通」だと思って行動しているのだと思います。（それにしても本校には「変人」が多過ぎると個人的には感じるんですが。先生方も含めて。）そんな「変人」たちに囲まれて、本校で生活を送れることがとても楽しいと私は感じています。外国に行ったらもっといろんな人がいるのかと思うとワクワクします。でもとりあえずはあと八ヵ月の高校生活を充実させたいです。

話はだいぶ変わるんですけど、私はA型で、普通心理学的にはA型とB型は対立するらしいんですが、友達はB型ばかりです。先生は何型ですか？　あと、D組の友達が先生と構造主義の話をしたがってましたよ。

個性なんていらない？

日奈子さんが本校で刺激を受けていることを、嬉しく感じています。ただし、意見につい

ては少々異なります。今回はその部分を中心にお話ししますね。

私は常々「個性」などいらないと思っています。このままではあまりに乱暴な表現になってしまうので、正確に言いなおすとするならば、「今はまだ個性などを追い求めずともよい！」になります。個性は換言《かんげん》すると「その人らしさ」になるでしょうか。しかし、その人らしさはそのまま「その人以外ではないらしさ」（変な表現！）でもあります。自分の個性が固まれば固まるほど、逆に他の個性になる可能性は捨てなくてはなりません。十七歳～十八歳ぐらいで、自分のもつ才能のベクトルをどれか一つに絞る必要はありません。どうせほっといても、人は個性的に（＝頑なに）なっていきます。だから、今は迷い、悩み、フラフラしながら、自分が本当に進むべき道を模索してもいいと思います。

と、ここまで書くと「あれっ？　先生は早く進路を決めろって言ってたじゃん!?」と思うかもしれませんね。しかし、進路を決めることと、自分の価値や人生観をどこに置くかはまた別なこと。自身の性格や思考パターンをルーティンワーク化することとは別な話なのです。おわかりでしょうか？

だいぶ日奈子さんの話題から逸《そ》れてしまいましたね。申し訳ない。

改めて、日奈子さんの「普通」論、面白く読みました。『普通の人はいない』蓋《けだ》し名言です。そうですね、普通とはマジョリティの代名詞、ありきたりの換言、退屈の皮肉な表現かもしれません。そんな日奈子さんも私から見れば立派な変○に見えるのでご安心を。

三度話が変わりますが、私はB型です。しかし、私は個人的には血液型による分析をまったく信じていません。数十億の人が四つのタイプしかいないなんて……おととい きやがれ!って感じですね。構造主義のお話は是非したいと思います。どうも私が近寄りがたく感じるのか、高三生はあまり接触を図ろうとしません。それだけ威厳《いげん》がついたのだと一人で勝手な合点をして、今日も寂しく気を紛《まぎ》らわせている担任のことを、皆さんも覚えていてください。

⋯⋯⋯⋯⋯⋯⋯⋯⋯⋯⋯⋯⋯⋯⋯⋯

このクラスは楽しい!

（日直）朝貴

今年度が始まって三か月が過ぎようとしていて、受験が目前に迫ってきている今日このごろ。今更ながら三年E組はキャラが濃い人ばかりだ。

出席番号一番の拓之伸は「自分が太っていること」を自覚したうえで、「そんな自分が何をしたら面白いか」を考えながら行動している策士《さくし》で、番号二番の勇気は勉強ができて知識の幅も広いがどこか人とずれてる天然さんだ。三番の俊輝はシュールギャグからどぎつい下ネタまで、他人いじりから自虐《じぎゃく》ネタまで、何でもこなすオールラウンダーで学年きってのコメディアンである。

このように最初の三人だけでとっても個性的なこのクラスの中で、ひと際《きわ》異彩を放っている男がいる。出席番号九番、実朗である。彼の売りは絶妙な喩《たと》えを用いた疾走《しっそう》感あふれる下ネタだ。たしかに面白いが、この話だけ聞いたら「一発屋芸人のように飽きられるのが早そう」と思う人もいるかもしれない。だが彼も俊輝同様、長年にわたって「面白い人間」というポジションに居座りつづけている。

なぜ彼はこうも長い間ブレイクし続けられるのか、私なりに考えてみた。その結果、彼の一番の武器は「周りの人間の需要を瞬時に見抜き、周りの人間

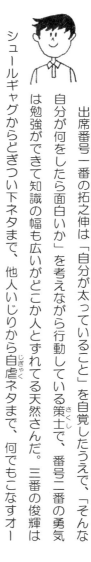

に気付かれない自然さでその需要に対応した芸風に切り替える能力」であるという結論に至った。具体的に言うと数ヶ月前の彼は、異常性癖《せいへき》の危ない男だったし、中学の時は「ダンディーな男」や「世界中に彼女がいるプレイボーイ」だったが、そういうキャラクターだったことも意識しないと思いだせないほど、キャラの切り換えが上手なのだ。

この能力のおかげで彼は常に新鮮なのである。拙いうえに長くてダラダラした文章になってしまったが一言でまとめると「このクラスは楽しい」です。先生のおかげです。ありがとうございます。

モテる極意《ごくい》

なるほど！ 我がクラスには綺羅星《きらぼし》の如くスター軍団がひしめいているのですね！ それは良かった！

今日もたっぷりいろいろな情報を詰め込んだ日誌。楽しく拝見しました。その中でも特に目を引いたのが実朗君のキャラクターです。朝貴君の分析、実は大変鋭くて、人間の魅力の本質を見事にあぶりだしていると感じました。朝貴君がコメント

した「キャラの切り換えが上手なのだ。この能力のおかげで彼は常に新鮮なのである。」という部分。そうです！ そうなんです！ まさしく魅力的な人間は、大概《たいがい》そういう傾向を持っているのです！ これをもう少し深めてみましょう。

私たちは常に自身が選び取った（あるいは他者に承認された）アイデンティティを前面に押し出しながら生活を送っています。大人しい／やんちゃ／しっかり／甘えん坊……。本来は多面的な自分の中のたった一つを「私らしさ」として掲《かか》げています。しかし、普段はそうでも、ふとした場面や瞬間に、本人も無意識に見せる意外な顔がありますよね。私たちはそれを見せられるとき、思わず〝オオッ!?〟と興味をそそられてしまいます。なぜって？ それはもちろん〝意外であるがゆえに新鮮だから〟です。

例えば普段はとても明るく活発なA子さんが、不意に切ない表情をするとき、男性の心は打ち抜かれます。いつも冷静沈着なB美さんの天然な発言。そのキュートさに男子諸君は萌《も》えるのです。逆に、普段は無口で怖い目つきのC君が、子猫をみつめて思わず微笑む。そのギャップに女性陣は胸キュン！ となり、おちゃらけキャラのD君が、カッコよくクラスをリードする姿にうっとりする……。そう！ モテる極意。それはあなたの中に眠る「多面性」を見せること。常に新鮮で新しい自分を見せることが出来る人は、きっと多くの人々の心を捉えて離さないでしょう。

恐るべし実朗君。将来、彼は間違いなく多くの女性にモテまくります。顔は関係ありません。それを見抜いた朝貴君、あなたもお見事でした。これからは一生実朗君を師と仰ぎ、ついていくとよいでしょう。

日々雑感

（日直）望

文化祭おつかれさまでした。当日は晴れてエイサーとかモブとか外で見れて良かったなーと思いました。焼き鳥の売り歩きも楽しかったです。自分は人見知りだからできないんじゃないか？と思ったら祭り効果で出来ました。最近友達に「望、言うことが三十路《みそじ》だよね」と言われました。なんだ!?と思っていたら「暗いっていうのを気遣《づか》って三十路って言った」そうです。いや別にストレートに暗いでいいよと思いました。それから「くらかわ」のキャラでいったらどうかと言われました。「かわいいけど暗い」だそうです。私は「暗い」のままでいこうと思います。

まあでも人見知り＋暗いって先が思いやられるので人見知りの方を改善していきたいです。秋の夕暮れどきの空を見てると眠りたい気分になるので要注意です。たまには空でも見ながら冬に向けて勉強していこうと思います。あ！大学に行った先輩たちは派手になって帰ってきます！周りのみんなもそうなるのか少し楽しみです！おわり。

ウチ／ソト／ヨソ

もしも〝人見知り〟を気にしているならば、少しだけその研究をすることをお勧めします。人見知りとは、誰にでも存在する警戒本能の現れ。特に赤ちゃんの場合は、自分を守る人とそうでない人を明確に見分ける行動として、自然に発現するものです。逆にまったく人見知りをしない子は、危険に晒《さら》される場合も多いのです。しかし、大人になってもその傾向が強いならば、確かに克服する必要があるかもしれませんね。私が学んだ範囲でお話しするとすれば、人見知りをする対象がどこにあるかを明確に見

分けることが、克服の第一歩となります。

人間関係は大きく三つに分類できます。「ウチ」↓身内や友達など親しい人々。「ソト」↓顔や名前は知っているけれど、それほど親しくはない人々。同僚、級友、上司、部下、先輩後輩、ご近所等。「ヨソ」↓まったく知らない赤の他人。この中で「ソト」と「ヨソ」の二分野に人見知りを起こす場合は、本当に対人関係が苦手な場合が多いです。恐怖症とまではいかなくても、それに近い感覚があるので、なんらかの手だてが必要だと思われます。ただし、このタイプは現実にはあまり多くはありません。きっと望さんも違うと思います。普通の道を歩いているときにまで、他者の視線が気になって動けない！ということではないでしょうから。

だとすると、もう一つのタイプ。すなわち「ソト」の人に対する人見知りになると思います。そしてこのタイプはどちらかといえば真面目で几帳面《きちょうめん》、あるいは完璧主義的な傾向が強い人がなるタイプです。自分が「ソト」の人々にどう評価されているかがいつも気になり、出来るだけ高く評価されたいと願う気持ち。それが反動となって人見知りとなっていきます。

そんなときは月並みですが〝頑張りすぎないこと〟。これが実は一番の特効薬。このタイプの人はもともととても頑張っている人なので、自分では〝何か欠けている〟と思っていても、傍から見れば十分すぎるほど整っているものです。自分が今のままでも十分だと思えるようになれば、次第に人見知りも治まるはずです！ 気長に取り組んでください！

もう笑いません！

（日直）怜奈

センターが近づいてきてあせります。最近、ABC組側の人に、「DE組の雰囲気やばいよね。（浮かれてる。）」と言われました。なんかくやしいけど、やっぱりそうなのかなと思います。そこで私は考えました。たぶん自分が悪いと思います。一人でめっちゃ笑ってるし……。だから、私はクラスの空気を変えるために、もう笑わない！と決心しました。

決心した日、私は朝から大人しくまじめに勉強していました。するとその日に事件は起きました。一時間目の現代文の時間でした。あのI先生がその日にかぎってめちゃくちゃおもしろかったんです。今までで一番、超絶おもしろかったんです。もう大爆笑、大爆笑!!（笑）まったく、もう。せっかく決心したのにその日の、しかも一時間目に。トホホ。笑いのツボってすぐには変えられませんね。どうすればいいんでしょう。皆、ツボ深すぎません？ とりあえず、あまり笑わないように頑張ります。

ところで、今日は何の日だと思いますか？ ―thinking time― 正解は……愛華の誕生日でした。愛華おめでとう!! まさか遅刻するとは（笑）成長しない「姉ちゃん」！（笑）立派な大人になってほしいです。

もっと笑って！

まずは怜奈さんに忠告！ 笑うことを絶対にやめてはいけません。最新の研究ではガンを撲滅する細胞は笑いによって活性化するそうです。極端な例としては、末期ガンと宣告された人が意識的に笑い続ける生活を続けたところ、いつのまにかガンが消滅したそうです。これほど素晴らしい効能のある笑いを止めることは、自ら寿命を縮めるようなもの。ぜひ笑い続けてくださいね。

そもそも笑いとは何か？　科学の世界ではとても難しい問題なのです。泣く、怒る、悲しむなどの感情は比較的簡単に説明が出来るのですが、笑いだけは難しい。人はいかなる時に笑うのか？　確かに深く考えると分かるようで分かりません。泣くツボは世界各国共通の場合が多いのですが、笑うツボは地域、時代、文化、年齢、性別などの環境に大きく依存します。でも、私たちは経験から「これはウケる！」「ああ……スベッた」が瞬時にわかります。そして笑いのツボが同じ人をみつけるととても嬉しくなります。ですから、笑いを考えること、笑いを真面目に捉えることは、これからの人類にとってとても大切なことではないかとすら思っています。

個人的な考察ですが、笑い発生のポイントは「ｇａｐ（落差）」にあるのではないかと思います。例えば、真面目な先生が急に素《す》っ頓狂《とんきょう》な動きをする。そのｇａｐになぜか可笑しさを感じる。厳粛《げんしゅく》な場面で変な音が聞こえた！　そのｇａｐがやはり笑いにつながるという具合です。では、なぜｇａｐ、すなわち落差や意外性が〝笑い〟へと転換されるのか？　残念ながら、私にもよくわかりません。ここから先は、君たちに解決を委ねます。

ところで、私はジョン・レノンの奥さんであるオノ・ヨーコの言葉が今も印象に残っています。

「人は一人でも泣けるけれど、一人で笑うことはできない。」

笑うところには必ず他者がいます。そしてその他者と心が通い合うからこそ、笑いが生まれるのです。怜奈さんの笑顔と笑い声は、実は我がクラスの大切な「潤滑油《じゅんかつゆ》」です。一年間、笑い続けてくれてありがとう。みんなを結び付けてくれてありがとう! 心からお礼を言いたい気分です。

文系なのに理系

（日直）早紀

私は理系なのに理数系科目が苦手です。特に数学が! 科学や生物はそれなりにできますが、数学だけはやれどもできる気がしません。文系科目は好きです。特に現代文と倫理が勉強していて一番楽しいです。あまりに社会を楽しそうに勉強するものだから、文系の友達に「文転したら?」と何度も言われたことがあります。

何故文系科目を好きになったのか自分なりに考えてみたところ、確か中三の頃の現代文と、

高一の現代文と倫理の授業が楽しかったからだったと思いました。これまでよくわからない長ったらしい数式を見て「こんなんやって将来なんの役に立つんだろう……」と考えていた私にとって、人間の思想を学ぶ授業が非常に新鮮味溢れるものだったのでしょうか。よく覚えていませんが、これまで受動的に与えられた問題をこなしていた私に、初めて学ぶ楽しさを教えてくれた現代文は大変思い入れのある科目となっています。

結局、周りの文系の友達に比べるととても文系で戦える自信はないな……と痛感したので理系を選択しましたが（かといって理系科目も苦手ですけど笑）、わずかな間とはいえ培った文系科目の素養は、これからの人生で助けになるだろうと確信しています。

今は受験勉強で忙しいですが、無事合格できたら社会学や哲学、歴史も少しずつ勉強したいと考

えています。莉衣さんも「文系科目が好きなお医者さんってステキだと思うよ！」と言ってくれたことですし、何より初めて自分から勉強したいと感じた学問なので、大事にしていきたいと思います。しかし大学に入るにはやはり数学が出来なければならないと好きな勉強ができない……。数学からは逃げられそうにありません(泣)。数学もきっと何かしらの糧《かて》になってくれることを願いつつ、これからも数学と悪戦苦闘したいと思います。長文失礼しました。

学問のバイリンガル

本来、文系／理系の区分はあってはならないものだと考えています。この区分は教える側の都合であり、学ぶ側にとっては他者の恣意《しい》的な分割を無理やり受け取らされている違和感があります。まあ、現実にはそのような文句は言っていられないので、ここから先は不承不承ながらこの区分を用いてお話をしますが、文系科目が理系科目と大きく異なる点が幾つかあります。

一つは「流動するものを扱う」点です。理系の学問は様々な現象の中に潜む〝永遠〟、すなわち法則を抽出するのが主です。それに対して文系は、様々な営為《えいい》そのものを見つめる点が異なるのかな？　と感じています。人の心の動き、世の中の動き。一定の法則はあるかもしれませんが、やはり生成流転《せいせいるてん》するものをその都度追いかけている……。そんなイメージです。

二つ目は「過程を重視する」点。数学や理科などは基本的に最終的な答えを目指します。特に小、中学校あたりでは「結局答えは？」と問われるでしょうし、高校では多少複雑になっても、やはり答えが必要になる場面が多いですね。しかし、文系科目、特に現代文などでは答えをはなから諦《あきら》めている節があります。これは答えがないのではなく、とても難しくて千年～二千年程度では解答できない、あるいは沢山の解答があって一つに決まらない、などの理由が考えられます。あっ、誤解しないで下さい！　本来理系科目もそういう科目のはずです。大学では実際に答えられない理系の問題がたくさん出てくるでしょうし、だからこそ研究が続くのです。

このように、文系／理系における差は確かにあるかもしれません。けれど、莉衣さんのアドバイスはとても重要で「理系の素養がある文系」「文系がわかる理系」が今、求められています。特に医学は、流動して答えの出ない究極のもの、すなわち〝人間〟を扱うわけですから、文系の人以上に文系的素養が必要な気がします。だから早紀さんは医学の世界ではとても役に立つ「学問のバイリンガル」になれます。
どうぞこれからも文系学問の研鑽《けんさん》を積んでください。

モヒカンにしたわけ

（日直）正樹

僕は、マーティン・ルーサー・キングのようなリーダーシップを持ち、マザー・テレサのように包容力のある人間になりたいです。そのためには、全ての煩悩《ぼんのう》を断たないといけません。しかし、一度にすべての煩悩を断つことは不可能だと考えた僕は、一つずつ虱潰《しらみつぶ》しにすることにしました。昨日、ようやくスタートラインに立つことができた僕は、バズ・ユージン・オルドリンに匹敵するほどの偉大な一歩を踏み出すべく、床屋に行きました。理由はただ一つ、散髪するためです。以前見たテレビ番組で高田純次が「横髪は煩悩の塊である。」と言っていたのを思い出した僕は、横髪をばっさり切ってもらったのです。

今日、僕の髪型を見た人たちは「そこまでしなくても……」と思ったことでしょう。しかし、僕は豆腐を日本刀で切り、石橋をバズーカで撃って隣の鉄橋を渡るような人間なのです。つまり、この髪型は、何事にも全力かつ慎重に取り組む「正樹」という人間を象徴しているのです。なので、先生方、この髪型を許してください。

持つべきは文才ある友

今日はなかなか面白い文章が書かれています。過去の有名な人々と我が身を比較対照しながら、不思議な形態に髪を変形させた理由を述べている。一見不条理に見えながら、実は本人も気づかない様々な心模様を垣間見せてくれるところが大変興味深いと思います。

キング牧師のリーダーシップ。それは〝率いる〟というよりも、自らが〝先を歩く〟ことで、自然と後ろに人がついてくる、そんな泰然自若《たいぜんじじゃく》とした雰囲気が漂っています。この日誌でコメントを続ける私も支配と服従ではなく、自らのカリスマ性を高めることで生徒を導きたいと（実は）考えているのかもしれません。マザー・テレサの登場も示唆《しさ》的です。自らの尊い行為を「楽しいから」と言ってのける男顔負けの胆力《たんりき》の持ち主。生きる意味を見出した者は、これほど強く気高い人生を送れるのだ！ということを私たちに教えてくれます。

バズ・オルドリンは「人類で二番目に月に降り立った人」のイメージしかありませんでした。よい契機だったのでウィキペディアで調べてみたら、なんとトイ・ストーリーの「バズ」は彼がモデルだったのですね！初めて知りました。月に降り立つ順序を巡ってアームストロング船長と確執を抱いていることを知り、私たち凡人から見れば偉大と感じられる人でも、それぞれの葛藤《かっとう》を抱えていることを知りました。あなたがアームストロング船長ではなくて、オルドリンを選択したところに、心の機微《きび》を感じます。

さてさて、私なりの感想をつらつらとしたためましたが、いよいよ本題。正樹君の髪型。嫌いではありません。髪型は自身の個性の発露。自分自身をどう見てもらいたいかが、端的《たんてき》に表れる箇所だと思っています。ネイマール型（？）の髪型によって、正樹君が他者からどう見られたいのかが少しだけわかりました。でもそれは秘密です。各人で考えてみてください。

私は許したいのですが、学校と言う組織は意外とやっかいです。私に出来る唯一のアドバイスは、「上手にやれ！」それだけです。

最後になりましたが、正樹君の代わりに日誌を書いてくれた「あなた」。ありがとう！彼はよい友達を持ちました。

最高の友

（日直）麗

最後の日誌。少しさびしい気がします。私がこの学校に通ってもう六年目だなんて考えられません。この六年でたくさんのステキな友達に出会い、たくさんお世話になりました。その素敵な友達の中で「もし私が生まれ変わっても、もう一度出会いたい人」の中に、花梨さんというすてきな女性がいます。

私と彼女の出会いは中一。同じ塾に通っていました。今では信じられないのですが、その時私達は口をきいた事はありませんでした。その時の私達はきっとこんなに仲良くなるとは考えられなかったでしょう。時は流れ、中三で同じクラスになりました。運命が動き出したのは、理科Bの席です。私達は隣どうしの席になりました。

ここで大切なポイントは、私達がともに理科Bがキライだったという事。その席でたくさんおしゃべりをしました。普通、友達との会話は後で忘れてしまう事ばかりですが、彼女との会話はインパクトが強すぎて、すべて思い返せます。中三の時の会話からそうでした。きっとこれは、花梨さんの巧みな話術だからでしょう。金魚の染色体の多さに、実は人間より……と一時金魚を神と称《たた》えたり、マッキーの会という謎の会を開いたり。今二人で思い出しては、会話のレベルが確実に上がったねーっと思い出しています。（大して変わってないとか言わない）そしてまたクラスがはなれ、二人のキョリも離れていきました。

再び運命の歯車が回りはじめたのは今年の一月頃です。カフェでばったり会ったのですが、そのカフェで二人は珍事を起こしまくります。写真ではケーキの大きさが分からない、とラズベリーで縮尺を考えたり、（その後カフェに大きさ十八㎝というふだがはられるようになりました。受験が終わっても恥ずかしくて絶対に行きません）、バンズというメニューを見ては〝peace of bread〟だとイチャモンをつけたり……。カフェで三〇分以上笑いころげました。

（※二人とも勉強で来ています）。彼女といると、一生で一番笑ったなって思うことが一ヵ月に一回は更新されます。

高三になり日誌を書きはじめてから、よく色んな人に、普段どんな話をしてるの？ もっと面白いのある？ と聞かれる様になりました。二人でいやいや！ 普通の話だよーと流すのですが、思い返すと……日頃の日誌の通り、いや、それ以上かも……。

そして、楽しい時間を共有するだけならいいのですが、古典のテストで二人とも選択問題をすべて選択した時には、まっ青になりました。苦難を共にし、絆《きずな》がより強まったように思います。来年離ればなれになることを考えると、笑のエンプティマークが、はやくも点滅しそうです。先生は学生時代にステキな友達に会いましたか？ 一年間ありがとうございました。

友は自分の鏡

友と出会うこと。それは友を通して自分を知ることです。以前の日誌コメントでも書いた記憶があるのですが、自分のアイデンティティは実は他者が作っています。そしてその他者という「鏡」に反射させる形で、私たちは自分が何者であるかを再認識するのです。

例えば自分の周りにヤンキーがたくさんいる。そしてヤンキーが自分を仲間だと認めてくれる。そうした友の受け入れが、自分をより〝ヤンキーらしく〟していく。あるいは内気な人同士が友となる。そんな内気な友が自分の内気ぶりにある種の免罪符を与えてくれる。「ああ、内気でもいいんだな！　受け入れてくれる人がいるんだな！」その感情が自分の内気さを見つめるチャンスをくれる……。

人は他者を通して自分を知ります。そして、たくさんの他者の中でも最も自分の〝鏡〟になってくれる人。それが友人です。だから麗さんの友人の花梨さんは、そのままあなた自身を映した鏡になっているはず。あなたから見た花梨さんの特質が、そのままあなた自身の特質となっているはずです。

ここから先は日誌のエピソードからうかがえる花梨さんの特質、すなわちあなた自身の特質についての私の個人的な推察となりますが、よければお付き合いください。

二人に共通するのは「当たり前を当たり前と思わない」感性の鋭さです。年を取るということは「なんでも当たり前になってしまう」ことであり、高校生になると一気に大人に近づくものですが、二人は良い意味で「お子様」なのだと感じます。私も「知のお子様」（決して

『お子様の知』ではない！）になりたいと日々願っていますが、二人はそれを軽やかに実現しています。その感性も磨かなければ必ず衰えていくものでしょう。ですから、これからもお互いを得難い友として大切にしてください。

ちなみに私にはこれといった友人がいません。もしかしたら私は人生で大切な何かを手に入れることなく過ごしてきたのかもしれませんね。ですが、まだまだ人生は続きます。これから無二の親友に出会うやもしれません。楽しみです！

◎職員室「日誌教育」

日誌教育。何やら聞き慣れないこの言葉。実は私の造語です。

日誌教育の定義を一言で述べるならば「学級日誌を通じて受容／伝達／共感の視点を養う」となるのですが、実際はもっと流動的、能動的な行為です。更に、「日誌教育」は学校現場以外にも広く応用が可能です。職場内、サークル内、あるいは家庭内。集団の中に文字によるコミュニケーションの場を設置しておくことで何らかの効果が認められるならば、それも立派な日誌教育の一つではないでしょうか。

日誌教育の最大の特徴は〝公と私〟の緩《ゆる》やかな往還《おうかん》にあります。一人の生徒が自らの思いを記す。その言葉に担任が応える。二人のやりとり自体は〝私信〟です。しかし同時に、この私信は級友によって共有されます。二人は私的なやりとりをしながらも、第三者に読まれることを心のどこかで意識しています。当然内容には気が配られ、表現はより多くの共感を得るために洗練されます。この〝公と私〟のバランス感覚こそ、学級日誌によって育まれる貴重な感性なのです。

私達は〝公と私〟とを厳密に分けなければならない、と思い込んではいませんか？ 確かに公的な場では個人的発言はタブーであり、逆に私的な時間は公共性の意識も低くなるでしょう。しかし実際は公的時空の中で私的部分が、あるいは私的領域の中における公的な部分が互いに融け合っていることも多いと感じます。

学級日誌。それは現実社会の中で起こりえる〝公と私〟のモザイク模様を再現し、その中での言動を学び、他者を尊重しながらも自己主張を認める大切な場所なのです。

第三章　私の主張、僕の主張

ある日の学級日誌②

第一節　哲学的なことばたち

今を見つめる者ならではの悩み。未来を夢見る者ならではの叫び。青年はいつでも哲学者です。そんな彼らの誠実な言葉が、とてもまぶしく感じられます。私のコメントが時に熱いのは、きっと彼らの思いに触発されたからに違いありません。

人は誰でも裁《さば》かれる

（日直）俊輝

僕が好きなマンガは『ジョジョの奇妙な冒険』です。
この作品は、現在も連載中の作品で、第一回は、週刊少年誌ジャンプで三十年程前にはじまった作品です。作品は今でも続き、一部や二部といった構成でできてい

て、ちなみに現在は八部まできています。

僕は、第四部と第五部が好きで、第四部では杜王町という場所が舞台です。吉良吉影という人物はただ静かに暮らしたいだけで、コンクールや大会などにおいては優勝はせず、二位を取る人物なのです。

なぜなら彼は目立ちたくないから。僕は、彼の人を殺さずにはいられないという悲しい性格の持ち主でありながら、気質は穏やかで静かさを好むところに、人間の抱えた矛盾が象徴されているような気がします。

確かに彼は悪人でありますが、見方をかえると人間誰しも、彼になる可能性を秘めていて、いちがいに非難するのはいかがなものかと思われます。

そんな彼は最後には振り返ってはいけない道で振り返ってしまい、悪霊たちに魂を引っぱられてしまいます。

悪いことをした人間は最終的には裁かれる。人間は誰しも裁かれる可能性のある存在を示唆している気がします。

宗教的思索

俊輝君の今日のコメントは、漫画を題材にとり、深い所まで掘り下げられていることに興味を持ちました。敢えて名付けるならば「宗教的思索」とでも言えましょう。

文中にある「僕は、彼の人を殺さずにはいられないという悲しい性格の持ち主でありながら、気質は穏やかで静かさを好むところに、人間の抱えた矛盾が象徴されているような気がします」という表現。少し難しく定義すると「二律背反《はいはん》性」と言う人間の厄介《やっかい》な性情《せいじょう》こそが、私たち人間社会を複雑な陰影にかたどるのでしょうね。

構造主義は単純な「構造」に類型化することで、世界をより簡単に把握できることを教えてくれました。しかし同時に世界は「白／黒」「善／悪」のようにカテゴライズされ、グレーゾーンをすくい取ることが難しくなっています。

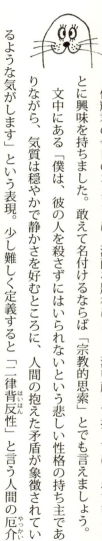

実際の社会や人間は単純に割り切ることが難しい「モザイク」な存在であることを、私たちは学んでもいい時期かもしれません。そういう意味で「二律背反性」を漫画から読み取れたのは、大きな成長だと思います。

もう一点。私が最初に挙げた「宗教的思索」の意味ですが、コメント文の最終行にある「人間は誰しも裁かれる可能性がある」の部分に関しての意見です。

「裁き」とはジャッジ／審判と同じく、第三者が私たちを「有罪／無罪」「善人／悪人」と分類し、それなりの「報い」（この単語は良い意味でも悪い意味でも使います）が与えられることですね。普段の生活をしている限り、司法で「裁き」を受けることはありません。

しかし、私たちは自身の良心に日々「裁かれて」いるのは確かです。そして、その先、そのずっと先に待っている人生の終わりに、人は誰かに「裁き」を受けるのかもしれません。そう考えると、日々の自身の生き方、考え方を省みるきっかけになると同時に、あの世に行くときに私たちを裁く「大いなる存在」に思いをはせることができます。ある人はそれを「仏」と呼んだり「閻魔様《えんま》」と名付けたり、「神」として畏れたりするのでしょうね。

いずれにせよ、私たちの最期が良い方向に裁かれるのを期待して、日々を生きたいと強く感じました。

集団に溶け込めない僕

（日直）恒太

表現下手なりに頑張ります。前からこの学校の生徒はどこか冷めている部分があるなと思っていたのですが、そんな僕は周りの学生達の〝ノリ〟というか〝空気〟だとか雰囲気（？）に合わせることが出来ず、ついつい孤立しがちです。そこで、友人に僕はなぜ孤立しがちなのか聞いてみたのですが、「語気が強い／行動が突飛／早口／テンションが極端に高い」等々、書いているだけで正直涙がでてきそうな程心に刺さるものばかりでした。しかし、同時にそれらの理由は個人で受け止め方が異なるものばかりで、孤立の直接的な原因ではない気がしました。

何故僕はみんなに溶け込めないのか、少し考えてみることにしました。確かに僕は、自分で言うのも何だけど変な行動をとることが多いです。しかし、それにはちゃんと僕なりの理由があって、結果そうなってしまっただけなのです。彼らにとって、そんな理由なんて知ったことじゃありません。常に僕の〝変な〟行動という結果だけがその目に映ります。その上彼らは賢いだけに、すぐに近づかない方が良いと決断を下した結果、そうなっているだけなのでしょう。僕は別に悪口を書きたいわけではありません。ただそのお蔭で、彼らは「発言」という行動を錆《さ》びつかせていっている気がするのです。発言は決まった人しかしないように、彼らという集団の中で、役割は既に決まっています。

個人と集団では、別個に意思が存在することの一つの例なのかなと考えて、溶け込めない僕への言い訳にしたいと思います。

集団の意志

今回の日誌には考えさせられる要素が多く含まれており、コメントをすることが楽しみなのですが、ベクトルが多方向へ散っているので、私の方で勝手に三つのポイントを抽出しました。

◎「ノリ／空気」

「KY」なる言葉が定着して久しくなりますが、私たち日本人はとりわけ周りとの同調性や勢いを合わせることを大切にする民族であることは、皆さんも既にご存知でしょう。「ノリがいい／悪い」「空気を読む／読まない」などの表現で要請される言語外のコミュニケーションでの圧力。しかし最近では「同調」を求める集団そのものが、以前に比べてだいぶ多様化し、規模も縮小しました。昔ならば一億総国民の「ノリ／空気」と言うべきものが存在していましたが、今は世代・地域・分野・階層ごとに細分化された小さな集団内における「ノリ／空気」に臨機応変に対応しなくてはなりません。恒太君が不安視する「ノリ／空気」の違いは良し悪しではなく、ただの「違い」、すなわち「差異」に過ぎません。どうせこのクラスもあと数か月。この集団になじめなくても、次の集団では同調できる場が待っているかもしれません。

現代は多様性の時代。同調できない集団などは、自分のほうから見切りをつけて、新しい世界に飛びこんでみて下さい。どこかに恒太君を必要とする人々がきっと居るはずです。

◎「発言の錆《さ》びつき」

確かに発言が少ないことに関しては私も同じ意見です。そしてこの現象は私たち学校側の人間、ひいては日本の学校教育の根本的な欠陥《けっかん》として改善すべき点でもあります。多くの生徒

を閉じ込め、一律に教えるマス授業。教師と生徒を「全知全能の発信者vs無知な受信者」の二項対立で捉える授業形態。いずれも「黙っていろ！」と言わんばかりのシステムです。こんな状況でなおかつ発言する勇気のある者はまさしく「ＫＹ」の烙印《らくいん》を押されかねません。従って恒太君の指摘は、生徒の責に帰すべき！とするには余りに酷な判定かもしれません。

しかしその一方で、私は「無発言という『発言』」も感じています。例えばおじさんがいつもねずみ色のくたびれた背広ばかりを身に着けていたとします。彼はファッションに無関心・無頓着《とんちゃく》なのでしょうか？　いいえ、違います。彼は毎日ねずみ色の背広を身にまとうことで「俺は流行り廃りなんかには左右されない男だぜ」「男は中身で勝負するものだ」というメッセージを隠し持っています。

発言も同じです。発言しない姿勢、態度、状況こそが逆にその人の意思を雄弁に物語っています。人は話すこと、書くこと、行動したことだけに意思を表すのではありません。話さなかったこと、書かなかったこと、行動しなかったことにも強烈なメッセージが託されているのです。「なぜそれを選択したのか」という問いだけでなく、「なぜそれを選択しなかったのか」。この問いは意外と大事であることをぜひ覚えていてください。

◎「集団の意思」

「集団の意思」　おおっ！　とてもよい視点です。高三ならではの質の高い発言を私は喜んでいます。間違いなく集団にも意思があります。しかもそれは往々にして「個々人の意思」とは全く別な形を持ちがちです。ナチスドイツ時代に犯したドイツ国民の過ち。戦時下における日本兵が犯したかもしれない愚行《ぐこう》。善良で、無垢《むく》で、高いモラルを持った個々人が、集団で悪業・蛮行《ばんこう》を行う悲しい事実は、歴史を少し紐解《ひもと》けばあちらこちらに散見されます。そしてこれは過去の恥ずかしいおとぎ話では済みません。今現在も世界で起こっていることであり、これから先も起こりうることです。

集団の意思は激烈です。一種の熱病のようなものです。弱い個人が立ち向うのは容易ではありません。時によっては進んでその熱に身を委《ゆだ》ねた方が心地よいときすらあるのですから。今の私たちに、集団の意思から距離をとり、時によっては抗《あらが》う術があるのでしょうか？　なかなか答えにたどり着くことは難しいのですが、解答に至るキーワードだけ提示しておきます。それは「諧謔《かいぎゃく》」です。「茶化し」と言ってもよいでしょう。なぜこの単語が解決の糸口になるのか？　文系の人は授業で扱うので、その時に説明しましょう。

「モテ期三回説」の真実

（日直）花梨

人生にモテ期は三回ある、という噂を先生は聞いた事がありますか？ 実は、その〝三回〟には恐ろしい落とし穴があるようなのです。麗さんと、放課後話していた時の事でした。三回、というのはあくまで平均で、重解で一回しかない人と、虚数《きょすう》解で0回の人がいる、という話を聞いたのです。

つまり、数学に二次関数の「Xはすべての実数」という答えのようにXにどの年齢を代入しようが生まれてこの方ずっとモテ期！ という人と「X＝解なし」のように人生のピークですらモテ期になりえない人がいるということで、〝三回〟というのは所得税のように、累進課税でもつ者から多く集めて持たざる者へとデータ上でのみ配分する、所得の再配分の結果としての数字だったのです。

それを聞いて私はうち震えました。重解ならば数は少なくとも規模がその分大きいかもしれませんが、虚数《きょすう》解ならば目も当てられません。「老人・一人暮らし・孤独死」の文字が脳裏に浮かびます。しかし、麗さんとその解なしの二次関数を脱する方法を考え付いたのです！

でもコメント欄に入らないので、麗さんが日直の時に続きます。

たとえ重解でも

虚数という言葉は相反する二つの感情を私に起こさせます。一つは〝人間って素晴らしい！〟知覚不可能なものを概念のみで考え出すこの不可思議さを、私は虚数の存在を通して感じました。人の知的好奇心の射程が気の遠くなるほどの彼方《かなた》であることに感動すら覚えたものです。もう一つは〝ふざけんなよ！〟私は断言します。私は大学に入って以来、一度たりとも虚数のお世話になったことはありません。私の与《あずか》り知らぬところで活躍しているのかもしれませんが、それならば専門家だけがやっていればよいではないか!! と憤怒《ふんぬ》の情が沸々《ふつふつ》と湧いてきます。

それにしても、モテ期という身近な、そして切実な話題を数学解の比喩に乗せて軽やかに論じている点に、花梨さんの文章的なセンスを見ました。あなたはやはり根っからのド文系ですね。

ところでモテ期の話題についてですが、私の場合、どうやら重解による一回のみが当てはまるようです。私は幼いころから、運動が出来ない、痩せている、屁理屈が多いという「モテない三重苦」を背負った人間でした。バレンタインのころはあまりのモテなさを案じた母が、そっと私にチョコレートを渡すという、涙なしでは語れない哀しいエピソードさえあります。

状況は高校、大学になってもまったく変わりませんでした。教師として就職してからは、女生徒から慈愛でチョコレートを頂けるようになりましたが、それを「モテる」と勘違いするほどoptimist（楽天家）ではありません。学生時代における先生への憧れは〝熱病〟のようなものだと認識している私にとっては尚更《なおさら》です。

そんな私のただ一度のモテ期は現在の妻からだけではないでしょうか？ 妻は変わった女性だと思います。私からすれば〝顔よし、スタイルよし、気立てよし〟と三拍子そろった女性が三重苦を背負った私を好きになるのですから、人生も捨てたものではないかもしれません。

妻はよく「あなたは自分の魅力に気づいていない」と言ってくれます。

しかし、私の魅力は妻が気づくだけで充分だとも思っています。

大切な一人にモテるならば、たとえ重解でも幸せです。

「夢＝職業」ってなんか変

（日直）龍希

時々、世間一般で使われているような意味と、自分の中で解釈している意味がちょっと違ってもやもやした感情を抱くことがあります。よく聞く言葉としては、「頭が良い」と「将来の夢」です。

まず「頭が良い」について。恐らく本校の生徒なら一度は言われたことがあるであろう言葉（別に驕《おご》りがあるわけじゃあないんですよ（微笑））で、クイズ番組でもよく使われます。

この時の「頭の良い」という言葉は「知識がつまっている」という意味なのですが、私はこれに違和感を覚えます。私の中での「頭がいい」というのは臨機応変に対応する能力や創造力に長《た》けているということです。ほら、例えば、砂川亨という人物がとてもいい例ですね。

次に「将来の夢」について。小学生に将来の夢を聞くと、たいてい「看護師」や「教師」、「パイロット」等といった、将来就きたい職業が返ってきます。

私は率直《そっちょく》に「夢が職業ってなんか物足りない」と思います。この事については、私が小学校の高学年の時からずっと思ってきたことです。「教師」になることが最終目標ならそれでいいのかもしれません。

でも「教師になって、自分自身の思いを次世代の子供たちに伝えたい」の方が、より〝夢〟という感じがあって輝きが増すと思うのです。

以上二つを例に挙げましたが、これらに対して共感してくれた人物はほとんどいません。私は変わった人なのでしょうか（苦笑）。因みに私の夢は、「自分の抱えている病気について研究したい」ということです。

結局夢まで自己中心的な事を言っていますが、これが私だからもう仕方ない。夢に向かって前しか向かねえ！↑最後なげやりｗ

人類究極の夢

なるほど、今日は「智慧と知識」の差異、そして「夢の形」に関する考察ですね。

ではでは、一緒に考えて参りましょう。

◎「智慧と知識」
古来より、人は智慧（Wisdom）と知識（Knowledge）を分けて考えていました。

このあたりの話は既にご存知の方も多いと思います。問題は、その使い分けをしない日本人の風潮にあります。

元来日本では「博覧強記《はくらんきょうき》」の人が尊ばれていました。村一番の物知り、有職故実《ゆうそくこじつ》（貴族行事のしきたりや作法）などはとにかく暗記。PCもネットもない時代ですから、記憶することﾞ=権力につながっていたのです。しかし、その流れは外国でも変わりません。では、なぜ日本はいまだに博覧強記を尊重するのでしょうか？　それはきっと大学入試や受験戦争と密接な関わりがあると思います。ペーパー試験で合否を決める受験システム。出来るだけ公正に行うとすれば、暗記量を競わせるのが一番手軽です。日本の受験制度は、そのまま受験生に博覧強記マシーンになるよう強制してきた歴史とも言えます。最近はその反省から、小論文やAO入試などが盛んに取り入れられていますが、社会は意外と保守的です。改革が実を結び、人々の意識が変わるまでにあと十年はかかりそうです。

出来うれば、龍希君が社会を担う頃には、智慧という意味での〝頭がよい〟が普通に会話で使われることを願います。ちなみにさりげなく私のことを評価してくださっていることに感謝申し上げます。

◎「夢の形」

龍希君の文章、言いたいことがすごく伝わります。しかし、どう表現してよいかわからない苛立《いら》ちも感じます。「夢が職業ってなんか物足りない」というフレーズ。初めは意味がわかりませんでしたが、その後を読むと得心しました。きっと龍希君は「夢の本質と、その本質を実現するための、形式としての職業」との違いを述べたかったのでしょうね。

まさしく君の言う通り、職業は私たちの夢を具現化するための道具でしかありません。「人を助けたい／苦しんでいる人を幸せにする」その思いを実現するために、本校生徒の多くは医学部を志望します。しかし、その夢を実現するための道筋は本当に医学部しかないのでしょうか？　そもそも大学に行かなければ、その夢はかなわないのでしょうか？　私たちは本当の夢と、その夢の実現のための道筋を、ともすれば混同してしまいます。もっと穿《うが》った見方を許してもらえるならば〝わざと混同したふりをする〟人もいるかもしれません。

医学部の面接練習で「あなたはなぜ医学を志すの」と問うと、皆ハンコで押したように「病で苦しんでいる人を救いたいから」と答えます。しかし「その手法は医学部以外にはないの？医学部よりもより多くの人を救えるとするならば、そちらに移る？」と聞くと、みんな黙ってしまいます。私は決して意地悪を言いたいのではありません。人にはそれぞれの思いがあります。それが美しいか、打算的か、博愛的か、利己的か……。それも本人が一番よく知っています。私がみなさんに言いたいことは一つだけ。たくさんの自分をそのまま受け入れる度量を身に着けてほしい。それだけです。

もっと本質的なことを言えば、人類普遍の夢、それは「より幸せな人生を送ること」です。ただし、人によってその幸せがどのようなものであるのかは千差万別。ある人は愛情に包まれる生活を幸せだと思うでしょうし、またある人は権力や地位を得ることこそが、最大の幸福だと信じているでしょう。幸せになるというゴールは一緒でも、そこに至る道筋、さらにはそれを実現する職業などはそれこそ星の数ほどあります。従って龍希君の指摘通り、職業が最後のゴールではなく、そこが幸せ探しのスタートになると考えるべきでしょうね。

龍希君にとっての幸せが〝自分の抱えている病気の解明〟にあるのならば、ぜひそれに突き進んでください。ただし、医者となって自分でそれを実現してもよし、企業家になってそれを研究してくれる優秀な機関を設立するもよし、更には政治家になって研究を公的なシステムに組み込むもよし。ゴールは一緒でも道筋は自由です。最後に龍希君が〝幸せだ！〟と感じられる瞬間が来ることを願っています。

私が思う大人の定義

（日直）百合香

先生は『大人』の定義はなんだと思いますか？　色々あるとは思いますが、私が考えている定義の一つを書こうと思います。

それは「経験」です。当たり前だと思う人も多いと思いますが、これは私にとって特に大きな『大人』の定義の一つです。何故か？　それは、当たり前であり、絶対的なものだからです。この学級日誌には他のクラスの人達も含め、五〇人近くの文章が書かれています。文には、その人の内面が表れます。私達の書く文章と先生がそれに返す文章とでは、圧倒的な経験の差があると、いつも読んでいて感じます。

長く生きていればいるほど私たち子どもよりも多くのことを経験してきていて、その差は決して一瞬で縮まることはあり得ない。どんなに頭が良くても、天才でもです。

〝亀の甲より年の功〟とは良く言ったものだと思います。そして、その経験の差を感じるたびに、私はどこかあせるような、羨《うらや》むような複雑な気持ち（まさにモザイク！）になります。

この学校は中高一貫な分、他よりも閉鎖的でしょう。他の同級生たちは中↓高と環境がガラッと変わり、出会った人の数が増えるのに比べ……。私は中一のときより、高一のときより、成長しているのでしょうか？　不安になります。大学というのはそんな〝経験〟をする場でもあるのかと思います。早く色んな経験をしたいものです。

※文章書くのって難しいですね。伝えたいことが全て言葉にできたらいいのになあ。

先生が思う大人の定義

「大人の定義」とても難しいです。そして刺激的なテーマだと思います。私自身は自分のことを大人だとはこれっぽちも認識していないのですが、それでも若い君たちからみればとりあえずは大人に見えるのでしょうね。

私自身の「大人の定義」を述べるとするならば「誰かのために生きることが喜びだと感じること」となるでしょう。若いころは世界が自分のために存在し、他者は私への奉仕者であり、学問は自己の快楽のためにあると信じて疑いませんでした。だからこそ、少しでも私の行く手を阻むものは、それが個人であろうと組織であろうと、ムキになって戦いを挑んだものです。しかしあるとき〝自分以外の人のために生きるのも悪くないな〟と感じた瞬間がありました。そのとき、私はきっと大人になったのだと思います。ちなみにそれが妻や子どもたちとの出会いでした。だから私を大人にしてくれた家族にはとても感謝しています。もちろんこれは私個人の「大人の定義」であり、百人いれば百通りの定義が存在するでしょう。

そして、ここからは二つ目の話題になりますが、百合香さんの挙げた「経験」も大切な定義の一つだと思います。確かにそれほど才能のない、いわゆる凡人の私が、優秀な若者の集う本校で教えられるのも、ひとえに経験が、君たちよりも少しだけ多いからだと感じています。もしも私が君たちと同じ十八歳だったら、もしも君たちが私と同じ四十七歳だったなら、私は君たちよりもはるかに小さな存在かもしれません。

考えてみると、経験だけは誰にでも平等に与えられたものです。興味のない人からみればつまらなく見える経験でも、それはその人だけの大切な財産。だから、経験に良い悪いはないと思います。ただし、その経験を生かせるかどうかは、個々人の心がけにかかっています。

経験が視野を広げる場合もあれば、逆に自身の思考を頑《かたく》なにする場合もあるでしょう。経験自体は無色透明ですが、それを用いる自分を磨く必要がありそうです。百合香さんもたくさん経験を積み、かつそれを上手に用いてください。

「十三日の金曜日」の誤解

（日直）拓之伸

今日は金曜日。そう、十三日の金曜日ですね。十三＋金といえば、やはり一番初めに思いつくのはジェイソンでしょう。

私は、ジェイソンに限らず、ホラーは好きなのですが（映画、本に限らず）すこし気になっていることがあります。それはジェイソンを勘違いしている人が圧倒的に多いことです。まず、ジェイソンの主役ことジェイソン・ホービーズ（十三日生まれ。ちなみに、金曜日ではなく木曜日）ですが、一作目である初代ジェイソンでは、ジェイソンが殺人鬼ではなく、その母親が人を殺していたのです。それに、ホッケーマスクもつけてはいませんでした。これを勘違いしている人は多いのではないでしょうか。

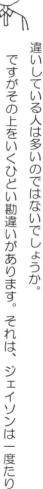

ですがその上をいくひどい勘違いがあります。それは、ジェイソンは一度たりともチェーンソーを使ったことが無いのです。逆にチェーンソーで襲われました。

それに、ジェイソンの主な武器はナタです。今日、人々が想像しているジェイソン像はまったくの間違いなのです。百聞は一見に如かずといいますが、ジェイソンの映画をまずは見てほしいものです。

こういうふうに事実が変わってしまった例はいくつもあります。吸血鬼と狼人間しかり、「独壇場」の読み方しかり。先日の国語の授業ではないですが、今一度人々は、そういう身近なところから自身の内に内面化された間違いに気づいていくべきではないでしょうか。

なぜ人は恐怖を求める？

私はホラーがとても苦手なので、ほとんど門外漢なのですが、さすがにジェイソンは知っていました。いえ、知っているつもりでした。私のジェイソン像は典型的なステレオタイプだったようです。反省します。

それにしても恐怖を求める人間の心理には、とても興味があります。汚い、怖い、痛い、苦しい。これらの負の感情を敢えて映像にして表現する。しかもその対象にお金を払ってまで鑑賞しようとする。この心理がどうにも理解の外にあるのです。敢えて自説を述べるならば、やはり人はモザイク理論に当てはまる存在なのでしょうか？

「真善美《しんぜんび》」という言葉をご存知ですか？　これは人間が求めて止まない永遠の理想を言葉にしたものです。この三つの概念は、普遍的な理想として追求されるものであり、人間の歴史は「真善美」を獲得するための、闘いの歴史と言っても過言ではないでしょう。しかしその一方で、人は「偽悪醜」を求めてしまう心も宿しているのではないでしょうか？　美しいものばかりを見ていると、ときどきそうでないものに触れたくなります。正しい事ばかりを聞かされると、時には間違ったことをしてみたくなります。人は二律背反性をその本能の中に抱え持ち、その矛盾をどう制御しながら生きていくかを問い続ける生き物かもしれません。

さらに思考を一歩進めると、私たちは「偽悪醜」の存在を設定しないと、その対極の「真善美」

を認識しえない……そう！ 構造主義的な視点がここにも影を落としているのかもしれません。

私たちがときどきホラー的なものに惹かれてしまう理由。それを二律背反的本能のなせる業、と解釈するもよし。あるいは光としての「真善美」をよりよく理解／体得するために、その影である「偽悪醜」を求めてしまう構造主義と解釈するもよし。そう考えるとホラーも深い人間的思索を提供する大切なデバイスであることを、今日再認識しました。血がドバーッと噴き出すタイプのホラーは多分失神すると思うので、初級編から見ます。とりあえずは『リング』などが宜しいでしょうか？ 機会があればご指南を！

「女性」を武器にするな！

（日直）璃夏

志望大学のＡＯ入試まであと約二ヶ月です。なんと出願まで一ヵ月しかありません。しかし、志望理由書が全く書けていません。今年の夏休みは本当にキツイと思います。

最近部活のみんなで食事に行ったとき、某先生がよく「女性は結婚したら、家庭に入るべきだ」と言っていると、理系の女子生徒（この部活の女子で文系は私だけです。）が怒っていました。これを聞いて私は、女性が「女性」という武器を振りかざしているように感じました。

最近都議会でセクハラやじが問題となっています。このニュースを見たとき、私はやじをとばした男性も問題だと思いましたが、あの場で泣いた女性都議に少し怒りを覚えました。あのやじの後、女性都議は「女性差別だ」と訴えましたが、やじをとばされた時に泣いてしまうのは、「女」を武器にしてふりかざしているように私は感じました。同じく選挙で選ばれた都議で、性別を理由に選ばれたわけではないのだから、やじに対して一喝入れられるぐらい強くなってほしいのです。それでもやじをとばす人に対して「差別だ」と怒るのは納得がいきます。しかし、あの場で泣くことで、女性としての同情を誘うなら、「差別だ」という資格はないと思うのです。

最近の現代文の授業からすると「差別だ」ということ自体が間違っているのですが……。まとまりがなくてすみません。

男並み？女並み？

璃夏さんは毎回みんなで考えるべき大切な話題を提供してくれるので、我がクラスにとっては有難い存在だなと感じました。

今日の話題は「差別」について。文系の諸君は現代文の授業でもたびたび扱っているので、各人がいろいろと考えを持っていると思います。そして、璃夏さんもあなたなりの視点で差別について誠実に考えていることがよくわかります。都議会におけるセクハラ野次に対して涙の抗議をした女性都議に同情と共感の意見が出る一方で、璃夏さんのように「涙を見せた時点で男女の間には越えがたい溝があることを自ら証明したようなものだ！」と指摘する声もあります。そして、後者の意見の多くは「女性はもっと強く逞しくなって、男性に『だから女性は～』『所詮女性は～』などと言われないように、自らを厳しく律するべき！」の方向へと流れ、最終的には「男女平等＝女が男並みに強くなること」と結論付けることが多いですね。

私の意見を述べる前に、過去に起きた有名な論争を一つ提示しておきます。それは「アグネス論争（アグネス・林論争）」と呼ばれる有名な大論争（ケンカ？）でした。香港出身で日本でもタレントとして活躍していたアグネス・チャンは結婚して子供が出来た際に、「幼いころは出来るだけ子どもと一緒にいたい」との理由から、収録スタジオに赤ちゃんを連れてきました。収録の間は女性スタッフに見てもらいながらタレント業をこなしていましたが、それを知った作家の林真理子が噛みつきました。

「そんな甘えた行動をするから、いつまでたっても男性に馬鹿にされる。公私混同も甚だしい。職場は戦場なのだから、子どもなどは連れてくるな！」というわけです。

そこから「子どもを持つ女性vs独身女性」「兼業主婦vs専業主婦」の対立が強まり、ワイドショーや見世物《みせもの》調の討論会などが盛んに開かれる事態となりました。もちろん結論など出るはずもなく、うやむやのうちに終息し、妙なしこりだけが残った印象があります。

さて、私たちは今、過去の論争から何を学ぶべきでしょうか？ 私もなかなか答えが見つからずに考え込んでいましたが、有名なジェンダー研究者のコメントに胸を衝《つ》かれる思いがしました。細かい表現は忘れましたが、その研究者はこう指摘しています。「兼業主婦と専業主婦、既婚者と未婚者、子有りと子無し。この争いは空しい。そもそもこんな状況を作り出したのは男ではないか？ 女同士の取っ組み合いを、ニヤニヤと高みから見物しているのは男じゃないか」

研究者は更にたたみかけます。「『男並み』を男女平等のアイデンティティにするな！ なぜ強くなること、乱暴になること、不作法になることが男女平等社会を作り出す唯一の方法なのか？」

現代の社会システムの大部分は男性が作り上げました。支配、収奪《しゅうだつ》、搾取《さくしゅ》を繰り返して作られた現代社会。その思想は政治、経済、教育……。あらゆる分野に及んでいます。男性基準でつくられた社会の中で女性が生き残るための唯一の方法は〝男並みに強くなる〟だと教え込まれました。しかし、果たしてそれだけしかないのでしょうか？ 男性と同じように、企業戦士として働き、子どもを置き去りにして家庭を顧みないことが男女同権なのでしょうか？　女性が男性並みにガサツになることだけしか道は残されていないのでしょうか……？

懸命な諸君ならもうおわかりですね。そう、男女平等／男女同権のもう一つのベクトル。それは男性が〝女並みにやわらかくしなやかに、時には弱くさえなる〟ベクトルです。女性が子どもをつれて職場にくるのは間違いではなく、男性が仕事を口実に子どもを家に置いてくるのが間違い。職場は戦場ではなく、共に助け合い伸びる場所。男性も時には弱音を吐き、涙を見せてもよい社会。（ただし〝号泣〟は引きますが……）

男性が作り上げた社会システムは、今あちらこちらで歪み、亀裂《きれつ》、破綻《はたん》が生じています。ここはひとつ、paradigm shift を起こすのも一案です。強く逞《たくま》しい社会から、弱く柔らかい社会へ。案外、こちらのほうが男性も楽しく生きていけそうです。みなさんはどう思いますか？

璃夏さん、考える機会をくれてありがとう！　感謝します。

◎ホームルーム「心に残る学級日誌①」

今までにたくさんの学級日誌を書いてもらいました。中学一年生から高校三年生まで、それぞれの力と個性を存分に発揮して、私のクラスの生徒はみんなとても楽しい学級日誌を綴《つづ》ってくれます。その中でも、思い出に残る文章が幾つかあります。全文はご紹介できませんが、簡単に内容だけお話しします。

その一「友情か成績か」

ある中一男子の日誌でした。「先生は友達と仲良くしろと言う。けれど試験のときには頑張って順位を上げろと言う。自分の順位が上がると、それだけ落ちる人がいる。それが友達だったりしたらオレは悲しくなる。仲良くすればいいのか、自分のために順位を上げたらいいのか？」こんな内容でした。私は「でも、友達の順位が上がると、君はただ落ち込むだけではなくて『オレもがんばろう！次は負けないぞ！』と思うだろう？それを〝切磋琢磨《せっさたくま》〟って言うんだよ。友達は好敵手（ライバル）であってもいいし、むしろそのほうがいい友情が育つと先生は信じているよ。」と答えました。けれど、この問いかけは、友情にも学問にも真剣に向き合っているからこそ出てきたと、私は感動しました。

その二「家に居るのがつらい」

これは高一の女生徒です。「両親が不仲で、いつも家が殺伐としている。父は私に無関心、母は私に八つ当たり。だから頑張って本土の大学に合格し、すぐに家を出たい。そして私は一生結婚なんかしない」と彼女は書いていました。私のコメントは陳腐でつまらないものでしたが、その後に彼女を気遣う友達が増え、「実は俺の家も同じ」と告白する男子が現れたり、クラスみんなで彼女を支える輪が広がったことに私は心を打たれました。

学級日誌から友の痛みや悲しみを知り、手を差し伸べる力が生まれる。私はとても嬉しくなると同時に、学級日誌が持つ力を改めて感じた瞬間でした。ちなみに彼女は今、本土で結婚して幸せに暮らしています。

第二節　教室からは世界が見える

小さな沖縄の小さな教室の窓から、生徒は大きな世界を見つめています。彼らはいつの日か、その世界に身を投じて自らの力で新しい時代を創っていくでしょう。アジア、アメリカ、ヨーロッパ。若者にとっては全てがフィールド。常に世界を意識する生徒の存在は、私の誇りとなっています。

ドイツ留学で考えたこと

（日直）莉衣

先生は日本の学校教育の事情について、どう考えますか？　私は一年間ドイツの高校に通い、今、日本に帰ってきてこのテーマについて考えることが多くなりました。その一因としては、私がドイツの高校生活を体験したことで日本の

（本校の）学校生活を相対化できるようになったことが挙げられると思います。それまで学校の事を、何となく嫌だなとか、窮屈《きゅうくつ》だなとか感覚として思うことはありました。でもそんな中でも先生の言うことを聞いたり、勉強しなきゃ！という気持ちに自分の意思を塗り変えたりすることに何の疑いももっていませんでした。自分のいる環境が絶対だったのです。

けれど一度外国に出てみることでまた違う景色が見えてきました。まず、学校も一つの虚構なのかな？と思うようになりました。（これは亨先生の講座を聞いて気付いた事です。）またドイツでは生徒主体の授業であったり、生徒と先生の関係が対等であったり、時間的な余裕がもっとあったり、日本もこうなればいいのにと思ったりもします。（一方で日本のように集団でまとまることも必要なんだとも痛感しました。）

こういう日独の相違を辿《たど》っていくと、多くは個人主義と集団主義という言葉に行き着くのだと思いますが、でもさらにさかのぼっていくと、日本にもドイツにもかつては全体主義があったはずで、現在のこの違いはどうやって生まれたんだろうかと考えていくと面白いです。ここまで勢いに任せて書きましたが着地点が大分怪しくなってきたのでこの辺で（無理矢理）終わります。

教育の主体は誰？

みなさんの思考の深さに「三年生として立派」の感慨と、「三年生なのに立派」という驚きの両方を持っています。私が十八歳のころ、こんなにいろいろ考えていたかな？

さて今日の話題は「教育」。とても大きく、深く、大切な話題なので、今回のコメントでは全部を言い尽くせないかもしれませんが、私なりの意見や主張を書いておきます。

まず、莉衣さんが「組織（学校）＝虚構」の認識を持ちえたのは、ドイツ留学の最大の収穫です。実のところ、私たちは日々「虚構」を生きています。学歴主義、資本主義、民主主義……。どれも誰かが「こんなのヤッテランネーヨ！」と叫んだらパチンと弾け飛びそうなほど柔らかい虚構です。大切なこと。それは虚構を虚構として自覚する潔《いさぎよ》さを持つこと。莉衣さんがドイツの教育に惹かれ、その虚構が自分の進むべき道だとわかる。それが外国に行くことの最大の目的ですらあるように感じます。素晴らしい！

次に「全体主義」の話題が出ていましたが、少しだけ補足したいと思います。莉衣さんの「かつては（日本もドイツも）全体主義だったはずですが？」との指摘。ドイツ的全体主義とは、あくまでゲルマン民族内での全体主義であり、俯瞰《ふかん》して見直せばただの「狭隘《きょうあい》な民族主義」に過ぎません。それはかつての日本も同様です。他の民族や人種を排し、自らの血統の正統性のみを主張し、その上に成り立つ「全体主義」はグローバル／ユニバーサルとは相いれない窮屈《きゅうくつ》な思想です。

さて、ここからは私の個人的な主張&つぶやきになりますが、ぜひ聞いてもらいたいと思います。私は常々「教育」という言葉に疑問を感じています。「教育……教え育てる」と並んだこの漢字を眺めていると、学びの主体があたかも「教える側／育てる側」にある錯覚を起こします。「初めに教える者が存在し、次に教わる者が現れた」。「教育」機関に勤める者の多くは、無意識の内に「教える／育てる」側に主権があるかのごとく傲慢《ごうまん》になっていってしまう……。しかし、教育の主権者、主人公はどこまでも「学ぶ側、育つ側」にあるのであって、「教える側」にはありません。もっと極端な言い方を許してもらえるならば、「神は初めに学ぶものを創造された。次に教える者を創った」のだと信じています。ですから、「教育」の言葉が私たちに日々押し付ける「教える側／育てる側」主体の視線があまり好きではありません。それよりも子どもたち、青年らが「学び、生きる」つまり「学生」のほうが、本来の教育のベクトルを表すのにふさわしい表現ではないでしょうか。

人は自ら学び、吸収し、それをエネルギーとして未来へ前進する能力が備わっています。大人、特に教師はそのときにほんの手助けやアドバイスをするに過ぎません。ですから、本当ならば子どもたちや青年が憧《あこが》れて止まない「カリスマ教師」なるものは、所詮《しょせん》は二流の教師。本当に一流の教師は、子どもや青年にアドバイスをしたことを悟られない教師だと思います。絶妙なアシストなのに、シュートした選手はあたかも自分一人でゴールできたと思い込む。これこそが真のアシスタントです。（ちょっと過激かな？）

この教育観は私の人生の恩師である「大村はま」さんから教わりました。この女性は伝説的な国語教師で、五十年近い教師生活の中で、ただの一度も同じ教材を使い回ししたことがないそうです。理由は「同じ題材でも、教える子供たちはみな違うから」。

その大村さんがエッセイで
「教師の仕事は渡し船。こちらの岸からあちらの岸へ、希望を持って旅を続ける人々を送り届けることが仕事。向こう岸に渡したら、旅人には後ろを振り返らず、私にお礼なんかは言わないで、どんどん希望の地に向かって旅を続けてほしい。私はまた元の岸に戻って、新しい旅人を運ぶから」

と仰っていました。この考えは今でも私の教育の原点となっています。私も君たちが大学という新しい岸辺にたどり着くまでの「渡し船」でありたい。そう思っています。そして新しい地に降り立ったら、自分の足で振り返らずに歩いてほしいと願っています。

卑怯？それとも技術？

（日直）敬

今日桐佑君が留学から帰ってきました。しかし僕にとってはワールドカップの方が大事です。（冗談ですが、やはり僕は自分の論じることができるサッカーについて書きたいと思います。僕が注目する数ある話題の中から、以前から興味を持っているシミュレーション行為（ダイブと呼ばれる）について意見を述べていきたいと思います。

シミュレーションとは相手に軽く触れられただけ、あるいは、全く触れられていないのにあたかもファールされたかのように振舞い、審判の目を欺《あざむ》いてファールを取ってもらう行為です。サッカーをする人なら分かりますが、この行為はひどく嫌われます。非難の対象となり、「あぁ、あいつは汚い奴だ」なんて言われてしまいます。

しかし僕は、この行為を別に悪いものとは見なしていません。シミュレーション行為を勧めているわけではなく、ただサッカーの技術、上手さの一つとして捉えることもできると思うのです。下手なシミュレーション行為をして、審判にその意図を読まれると逆に自分がイエローカードを受けます。そのリスクを犯してまで、非難を受けるかもしれないのにチャンスを作り出す姿は one for all の精神が見えるような気がするのは僕だけでしょうか？

実際、僕はサッカー部として臨んだ最後の試合、後半残り一分の時点で０対０の状況において相手のシミュレーション行為でＰＫを取られて負けてしまいました。泣くぐらい悔しかったのですが、やはり相手の巧さと勇気をかけた行動が試合を決めてしまったことは事実として受け止めようと思いました。

また、僕はこの行為の受け取り方に、国によって差があることにも注目しています。ブラジルでは「やって当たり前。むしろやって勝った方が良い」一方ヨーロッパでは「汚いやり方だ。スポーツマンシップに反する」といった違いがあり、文化によって違う事にも興味があり、これからそういった部分も勉強していきたいと思います。最後に、このプレー中に審判を欺くという、恐らくサッカー特有の行為は先生からしたら「醍醐味の一つだ」ｏｒ「あるまじき行為だ」のどちらですか？　また、先生なりの「サッカー論」を持っていたら教えて下さい！（先生が球技苦手なのは承知の上で（笑））

ルールの恣意《しい》性

南米とヨーロッパのサッカー観の違い、とてもおもしろく読みました。そうそう！　こんな身近で些細《ささい》なところからも比較文化論は学べるのですね！　さて敬君のご質問ですが、私は「審判を欺く行為」の有無をサッカーに留まらず、より敷衍《ふえん》して考えてみたいと思います。

審判とは、「ルール／規律／法」などと一般化することが可能です。審判はサッカーのルールの番人であり、まさしく「是非の審判を下す者」です。従って審判を欺く行為＝法を犯す、ルールを逸脱《いつだつ》することと同義です。では、法を犯すこと、あるいはルールを破ることは絶対的な悪なのか？　それは立場によって異なります。例えば法を作る側は、遵守《じゅんしゅ》することこそ正義であると考えます。そして善の立場に立つ人は圧倒的に権力者と重なる場合が多いのです。

一方で法を守る側からすれば「窮屈／理不尽／非合理的」などの点から、たまには逸脱も止むを得ないと考えるのが一般的です。では法を守る側とは誰でしょう。それはほとんどの場合において被支配者側、つまり一般大衆、弱者、その大勢……などの抑圧されやすい人々になるでしょう。つまり法を守るべき？　犯すのもやむを得ず？　の問題は立場によって大きく変わるものです。

では、なぜ立場によってこうも変わるのか？　それはいかに素晴らしい法やルールでも、所詮《しょせん》は人間の創り上げた〝恣意《しい》的産物〟に過ぎないからです。人が決めたことには必ず、決めた側の思惑《おもわく》が入ります。それをどこまで肯定し、受け入れるか……。法の存在は、作り手とその受け手の駆け引きのなかに存在する、きわめて政治的なものなのです。南米は欧米諸国から抑圧されてきた歴史の長い地域です。その中でルールの隙間をかいくぐることは英雄的行為ですらあります。権力者としての地位が長い欧米とは、根本から思想が異なります。

さあ、初めの質問に戻りますが、私はなぜか南米のしなやかでしたたかなスタイルに憧れます。ルールの恣意《しい》性をどこか悟っているような、彼らの悪戯《いたずら》っぽい目の輝きを見ると〝美しいな！〃と感じます。

ありのままで！

（日直）愛

現代文の授業でふと思ったことを書きたいと思います。今日の授業で〃美白〃という言葉が出てきました。先生の言っていたとおり、〃美黒〃や〃美茶〃でもよいのに〃美白〃を使いたがるのはなぜか？そこには日本人の白人コンプレックスがあるからではないかと思います。

今ではファッション誌なんかではハーフモデルや白人モデルばっかりだし、TVでもハーフタレントをよく見ます。髪を染めたり、カラコンを入れたりするのも、金髪碧眼《へきがん》への憧れがあるからなんじゃないかなと思います。雑誌でも「ハーフ顔メイク」なるものを見たことがあります。

そもそも今でこそ整った顔の条件は西洋系の顔に当てはまるけど、平安時代では今だったら美しいと全く思わないような顔が美しいとされていたのであって、美人の条件にも流行りがあるのだなと思いました。何を言っているのか分からなくなってきましたが、要するにありのままが一番です。すっぴんを見てガッカリなんていうパターンが一番つらいです。

Let it go!

美はいつもわがまま

まずは……Marvelous!　とうとう、愛さんのようにある情報をもとに自身の考えを深め、提示する人が登場しましたね！　現代文を担当している者としては、誠に嬉しい限りです。

愛さんのご指摘通り、私たちの美白信仰は、欧米コンプレックスが大きな要因となっていることはほぼ間違いないでしょう。確かに昔から「色白は七難隠す」などと言われてきましたから、白い肌が美の象徴ではあったのでしょう。しかし欧米列強の構図の中で、日本人が白い肌に〝美〟以上の象徴性を付加したことも事実です。それは権力であり、富であり、支配でもあったように思います。さらには目の色、髪の色、そして全体的な作りまで、私たちは「欧米こそ美の極致」と思い込んでいるのです。本来、美とは相対的なもので、時代や地域文化によって七色に変わっていきます。アフリカのとある部族にとっての美は太っていることであり、嫁入り前には軟禁状態でひたすら食事を摂《と》らせる荒技にでるそうです。中国の纏足《てんそく》、東南アジア山間部に住む首長族なども時代や地域独特の〝美〟の産物と言えます。

さて、私も愛さんに見習ってさらに〝美〟についての考察を一歩進めてみたいと思います。コメントでは「要するにありのままが一番です」とありますが、美におけるありのままとは何を指すのか？　例えば眉毛を整える、つけまつげをするのは〝ありのまま〟に反することか？　たぶんそうでしょうね。では、髪を切り、櫛《くし》でとく行為は？　うーん、微妙ですね。お風呂に入り、汗を流し、石鹸《せっけん》の香りに包まれることは？　だいぶ〝ありのまま〟の定義が怪しくなる気がします。本当はきっと〝ありのまま〟なんてないのかもしれません。本当に〝ありのまま〟、すなわち「Let it BE」だったら、人は耐えられないでしょう。

身体は常に他者を意識した〝加工／改造〟が行われるものです。ダイエットしかり、美顔しかり。だから「Let it GO」が流行ります。自らの目標を設定し、誰が何と言おうとその理想に突き進む。そんな行動する私を〝ありのまま〟に受け入れてほしい。美はいつもわがままです。

非母国語

（日直）冴耶

今日が私の留学からの復学日。試験を受けたくなかったため、模試の後から復学しようと思っていたのに……模試を受けました。

話は変わりますが、私は十か月間アメリカにいたのでその時の話を書きたいと思います。留学に行く前はすべてが漠然としていましたが、実際に行ってみると本当に学ぶことが多かったです。〝言葉〟については本当に考えさせられる機会が沢山ありました。なかでも難しいのが疑問文のニュアンスです。日本語で話すときにはあまり気にしていませんでしたが、私は疑問文には大きく二種類あり、受け止め方もそれぞれ違うと思います。例えば「できないの?」ときかれたとき、私が出来てるか心配してくれた！ちゃんと気にかけてもらってるんだな、と思わせるような、後ろに「手伝う?/大丈夫?」とつきそうな気づかいや関心の表れるもの。

もう一つは、「(こんなことも)できないの?」といった非難するようなもの。同じ疑問文でも受け止め方で意味が大きくかわります。日本人同士での会話ならある程度どちらの意で使われたか分かりますが、(英語で)ネイティブでない人とネイティブとの会話ではそうはいきませんでした。相手に対する関心を示したつもりの会話(疑問文)が非難していると捉えられてしまったらとても悲しいことだと思います。母国語ではない言葉を使いこなすのはとても大変な事だと思います。(※勢いで書いたら担任コメント欄を侵食してしまいました。)

Non-verbal Communication

まずは「お帰りなさい!」と申し上げましょう。かつての同級生から離れて、久しぶりに味わう学校は、不安もあると思います。3Eのメンバーは学力に多少の問題を抱えるものの(?)気立てのよい者ばかりなので、きっと高校最後の生活を楽しめると思います。

さて、今回のコメントでは二つのテーマが述べられています。一つ目は「ポジティブ／ネガティブな表現に関する考察」。もう一つは「母国語／非母国語の話題」。前者については、私も常々感じていたことです。文字に起こすとまったく同じフレーズですが、イントネーション、抑揚《よくよう》などの〝周辺言語〟あるいは表情、身振りなどの〝non-verbal communication〟などによって、真逆の意味を伝える場合がありますよね。更に発信者の性格が総合的に作用して、常にポジティブな発言にもなれば、いつもネガティブな物言いにも変わりえます。これは言語の問題よりも、発信者の価値観に近い問題です。常に他者を＋の側面から分析、評価、判断したいと考える人ならば、表現は自然と明るいものになるでしょう。逆に他者の欠点や弱点ばかり、すなわちあら探しを主眼に置く人ならば、どうしても表現は否定的、悲観的なものに陥りやすくなります。自身の言動が、ネガティブな表現に偏っていないかと各自点検する必要があります。

次に母国語／非母国語の壁。私たちは母国語で思考、記憶、そして感情までも制御《せいぎょ》しています。つまり一個の人格を形づくるのは母国語だと言っても過言ではありません。従ってどれほど流暢《りゅうちょう》に異国語を使いこなせても、それは所詮「非母国語」でしかなく、血や肉のような感覚的なものになりにくいのが現状です。その代わりに、母国語として接しないがゆえに見えてくるものもあります。例えば沖縄方言の「でーじ」。本土の人はこの言葉の語源が「大事」だとすぐに気づくのですが、あまりに使い慣れているウチナーンチュは逆に気づきません。非母国語を非母国語として眺めること。意外に感じるかもしれませんが、これって言語習得の基本かもしれませんね。いずれにせよ留学の貴重な体験、これからの人生に生かせるとよいですね！

ハーフに関する考察

（日直）亜紀

最近、テレビなどでハーフタレントをよく見る気がします。どうやらハーフがブームになっているみたいです。個人的には「ハーフタレントスペシャル」などは笑いというより共感という意味で見ていておもしろいのですが、このハーフブームには少し納得がいきません。

日本人のハーフに対するイメージって偏《かたよ》りすぎていませんか？ハーフといえば美男美女で英語がしゃべれて……みたいなイメージばっかりです。テレビに出ているのはごく一部の、いわゆる「理想のハーフ」の人たちであって、世の中には「残念なハーフ」の人の方が多いはずです。ハーフと言ってもアメリカやヨーロッパのような西洋人だけじゃないんです。アジア×アジアだって立派なハーフです。それなのに、テレビでは西洋系のハーフばかり取り上げられて、挙句の果てに「ハーフ顔メイク」などというものも登場しています。要するに西洋人風になれるメイク術です。それを「ハーフ顔」としてくるのはどうかと思います。

もう一つは言語です。ハーフだと分かると決まって、「○○語で何かしゃべって！」って言われますが、何かって何だ？って感じです。そもそもハーフ＝バイリンガルではありません。日本語しか話せないハーフもいるんです。それに、何か話すにしても、せめてお題をください。〝何

でもいい〃が一番困ります。島国で他民族との交流が少なかった日本ならではのことかもしれませんが、少しハーフを美化しすぎな気がします。

ここまでいろいろ書きましたが、私自身はハーフでよかったと思うこともたくさんあるので、別にハーフが嫌なわけではありません。むしろラッキーだと思っています。先生はハーフについてどう思いますか？

越境者

ハーフについては日頃からいろいろと考えるところがあります。今回はいくつかのトピックにわけてお話しましょう。

◎〝ハーフ〟の境界

日本人が〝ハーフ〟を思い浮かべるとき、ほとんどの人が欧米的なイメージになると思います。アメリカ的、フランス的、イタリア的……。多少の差はあれど、私たちにとっての外国とは欧米を意味しがちです。これを心理学的観点（コンプレックス等）から、あるいは歴史学の観点から、述べることももちろん可能です。しかし、個人的には、その詮索《せんさく》にはあまり意味がないと考えています。それよりも、外国という〝イメージ〟は何が境界になるのか、そこに大変興味が湧きます。例えば、鼻の高さ？　家の形？　社会システム？　個人主義？……。何がどこまで変化すると「あっ！　日本人とは違う！」という決定的な差として感じるのか？　その部分にとても惹かれます。

私見ですが、私が〝ハーフ〟を外国と意識するのは、笑顔を無防備にさらすときです。他者に対して平気で笑顔をふりまける人と出会うと、〝この人はやっぱりハーフだなあ〟と感じてしまいます。みなさんにとって〝外国人との境界〟はなんですか？　いつか教えてください。

◎〝ハーフ〟の死語化

私はハーフの人と出会うと「自分のアイデンティティは何人だと感じる？」と質問することがあります。日本で生まれ日本で育ち、日本語が母語となるハーフはたくさんいます。けれど、その人たちが日本×日本の子供として生まれた大多数の日本人と、まったく同じアイデンティティを持っているでしょうか？　やはり少しは「越境者」としての複雑な想いを抱えているのではないでしょうか。この、内に眠る「異邦人」の感覚は、これからの複雑な社会を生きるときの大切な武器になる、と私は考えています。

越境の感覚はその人を常に不安にします。しかし同時に自由にもします。地域や血で縛られない、ハーフの人だけが持つ軽やかな翼。それが最大の強みです。私は日本人がもっと他者と交流し、ハーフがたくさん生まれることを密かに期待しています。そしていつの日か〝ハーフ〟という言葉自体が死語になればいいなと夢見ています。

謝罪？　感謝？

（日直）わかな

私はドイツの留学中に一つ気付いたことがあります。それは、日本人の「ごめんなさい」や「すみません」が、外国に比べ色々な意味やニュアンスを含んでいるということです。

私は留学先のホストファミリーと話していて、よく「そんなにごめんなさいなんて言う必要ないよ」と言われました。私は自分が頻繁《ひんぱん》に謝罪の言葉を口にしているつもりはありませんでしたが、意識してみると確かによく使っていました。以前から日本人はよく謝罪することは知っていましたが、あくまでそれは必要以上に上司に頭を下げるなど、その場の話題を早く切り上げたいがためだと思っていました。

しかし自分の言動を振り返ってみると、例えば落としたものを拾ってもらったときに「あっ、すみません！」と言ったり、あることを人にお願いするときに「申し訳ないけど……」と言ったり、はたまた忘れ物を届けてくれたときに「わざわざごめんね」と言っていました。

私はこのことから、日本人は「ごめんなさい」を単に自分の非を詫《わ》びたり、許しを請《こ》うために使うのではなく、相手の感謝への気持ちを含めるときにも使うことに気づきました。それは、日本人がシャイでなかなか「ありがとう」を言えないからなのか、相手に少しでも手間をとらせたことに対して負い目を感じているからなのかはわかりませんが、私はもし相手の立場にあったら、「ごめんなさい」より「ありがとう」と返されるほうが気持ちがいいので、ドイツにいる頃は「ありがとう」のほうをたくさん言っていましたが、日本に帰ってきてからは「あ、ごめん！ありがとう！」とやっぱり「ごめん」が先に出てしまっています。（笑）

ところで私も先生のコメント欄を侵食しちゃったので、もうここまで来たら最後まで埋める勢いで関係ない話を書こうと思います。（あぁ、結局自習中に週テストの勉強できなかった

……苦笑）

前回の私の日誌は自己紹介についてでしたが、それに対する先生のコメントに出てきた「Tears in Heaven」は、私も父の弾くギターの音を聴いたりYouTubeを見たりして、下手くそですが弾いていましたよ！（今は高三なのでギターは封印しています）いつか先生のギターも聴かせてください!!てかもう文化祭で弾いちゃいましょう!!!

謝罪について

今日もまた、とても興味深い話題が提供されています。こう毎日刺激的なテーマだと、返事を書く方もすこぶる楽しいです。お礼を言う時に「ごめんなさい、すみません」というべきか「ありがとう」というべきか？よく議論される話題だと思います。私もいくつかの視点からこの問題を掘り下げてみることにしましょう。

①侵略されたことのない民族

ある研究者によれば、日本は世界でも珍しい「異民族の支配を受けたことのない国家」なのだそうです。確かに数千年を遡っても、他民族が日本を侵略して支配をしていた記述は見当たりません。縄文・弥生あたりから大和民族がこの地を治めていましたし、元寇《げんこう》・黒船・戦後アメリカの一時占領も、限定的、部分的な支配でしかなかったように思います。そして、異民族からの支配を受けたことのない民族はすぐに〝謝る〟のだそうです。

これに対して、侵略の歴史が繰り返される地域、例えば中近東地域などではめったに謝らないと聞きました。お皿を割っても「それはアラーの神の御心だ」とうそぶきます。日本人が感謝の時にも謝罪の言葉を口にするのは、それだけ平和な歴史を維持できた証しと言えるでしょう。謝罪系の言葉を用いる是非とは別に、謝罪系の言葉を気軽に使える日本の平和と安定には感謝してもよいのかもしれません。

②内向き？ 外向き？

謝罪系の言葉は「相手に迷惑をかけた私／相手に余計な気遣いをさせた僕」が基本的なスタンス。常に他者にマイナスな影響を与える自分自身を見つめている言葉。逆に言えば、そこには相手がなぜそのような行為をしてくれたのか？ という思い入れが欠如《けつじょ》していています。それに対して「ありがとう」に代表される感謝系の言葉は、「きっと相手は喜んでやってくれたのだな！」と感じることが出発点。それは相手の気持ちを推《お》し量る優しさが溢《あふ》れています。更にこの思考には、無条件で自分を受け入れてくれる他者への信頼が基本にあるはずです。私もできれば「ありがとう」と言われたいですし、「ありがとう」を素直に言える人間になりたいと思います。

私的アイドル論

（日直）藍紀

今日の日誌、何を書こうか悩みましたが、やっぱり自分の得意？分野について書きます！今までずーっと考えていた、「アイドル」についてです。といいますかアイドルとファンとの関係性について。

私はアイドルというものは、可愛くてスタイルが良くて、ダンスも歌も完璧にこなせるスーパーマンだと思っていた時期があったのですが、どうやらそうではなくて、人を魅了し、一生虜にするぐらいの魅力の持ち主がなる職のようです。そして魅せられた人は、家族、友人、恋人……どの言葉も当てはまるような、だけど決してそうならない〝ファン〟としてのポジションで彼らを見守ります。

そんな両者は、どこまで近づくことが許されるのでしょうか？ よくファンがアイドルのプライベートに踏み入ってはいけないと言われます。それはもちろんのことですが、逆にアイドルもプライベートをファンに見せてはいけないと言われています。（ここでいうプライベートは、主に恋愛のことです）私は当初、「アイドルは恋愛してはいけない」というのを「ファンはあなたたちに恋をしているのだから、他の人と恋愛するのはいけない」という意味だと思っていました。

しかしこれは誤解で、本当の意味は「アイドルは一種の夢の世界であり、彼らと私たちファンがその世界に居る間は夢を壊してはいけない。（そしてファンは彼らの現実に侵入してはならないのであって、彼らは現実空間で

は、したいようにしてよい）」という意味だと（勝手に）解釈しました。自分で書いていて意味不明なんですけど、伝わるでしょうか？

ディズニーランドでミッキーの中に人が入っているのを私たちは知っているけど夢を持っており、この夢の国にいる間、ミッキーは夢を壊さないために何があろうとも正体をさらしてはいけないということです。それがプロの、真のアイドルだと思います（姉のうけうりです）。

とはいっても、ＳＮＳも発達してるし、アイドルがファンと触れ合う機会も多くなっているので、どこまでがディズニーランド圏内なのか分からない状態なので、夢を守るのは難しいと思いますが、結婚してもファンと向き合うときは奥さんの話をしない！ファンへの愛情が薄れていないことを伝える！一生懸命仕事する！ファンの話もちゃんと聞いてこたえる！これさえすれば、ファンは離れません。どんなに叩いたって、結局好きな人が傷ついている姿を見ると落ち込むし、笑っていたら安心してしまいます。何があっても、よーっぽどのことがない限り彼らを嫌いになんてなれないな、と思い知らされます。惚れた方が負けです。

もうわかんなくなってきましたが、何が言いたかったのかというと、アイドルとファンの間にある〝情〟はとても深いのですよ！ということです。学級日誌がアイドルに対する愛の告白みたいになってしまい申し訳ございません（笑）しかも思いのまま書くと文章がぐちゃぐちゃで……。読みづらい文ですみませんっ！

偶像としてのアイドル

藍紀さんの日誌は一貫して熱いアイドル論がつづられていますね。今回はその中でも秀逸《しゅういつ》な内容で、そのまま大学での研究対象となりうるような深い思想を提供してくれています。

アイドルという言葉は、みなさんもご存じのとおり「Idol」という英単語であり、意味は「偶像」となっています。では「偶像」とは何か。本来は目に見えない神や仏などを具現化し、信仰の対象とすることを意味します。この〝偶像〟を意味する言葉を、いわゆる〝アイドル〟として用いるのは、極めて深い意味があると思います。

テレビの向こう側できらびやかな衣装を纏《まと》い、美しい容姿を見せつけては人々を蠱惑《こわく》する存在。私たちは彼ら（彼女ら）の一挙手一投足に釘付けとなり、心を奪われる。昼も夜も彼ら（彼女ら）の存在に胸を躍らせ、身を焦がす。まさに信仰と呼ぶにふさわしい状態です。

そしてここからが大変重要なのですが、このアイドルが束の間の、そして手の届かない夢であることを、心のどこか冷めた部分で認識していることです。

どんなにアイドルに熱を上げても、所詮それらは〝偶像〟。どんなに恋焦がれても、実際は存在しない一種の記号なのです。逆に〝偶像〟であると位置づけるからこそ、あれほどの陶酔感《とうすいかん》が得られるのかもしれません。なぜならば、神のごとき存在のアイドルが、実は私たちと同じ行動、すなわち人間臭い言動や愚かな行為、実は腹黒い部分を持ち合わせていることは幻滅の要因になってしまうからです。

ここまでお話しすると、みなさんもお気づきでしょう。そう！　昨今のアイドルがより〝偶像〟ではなく身近な存在へと変異していることに。これはどう解釈すべきでしょうか。あくまで私見ですが、実は私たちの現実世界にはもはやドロドロとした人間関係すら存在しなくなっていて、アイドルの世界にしか、それを見出せなくなっているのかもしれません。バーチャルが世界を覆《おお》い、アトム化した人間がかつての懐かしい人間社会をアイドルの中に見る……。少し哀しいですね。

◎職員室「日誌教育のコツ」

学級日誌はとても労力の多い作業です。毎日書き続ける手間はもちろんですが、様々な話題に対応したコメントを書かなくてはなりません。特に頭を悩ませるのは、何をコメントすればよいのかまったくわからない……そんな日誌が現れた場合です。

「今日は英語と国語と地理と……がありました。給食はスパゲッティでした。明日は土曜日なのでうれしいです。」

しかしこれはチャンスでもあります。こんなときにもしっかりと返事をする。そうすることで生徒は「どんなコメントでも必ず返事をくれる」と感じ、「もっといろんなことを書きたい」と思うからです。ではどうすればよいのでしょうか？ 私はいずれかのキーワードに注目し、その話を勝手に広げてしまう手法をよく用います。例えば〝スパゲッティ〟のキーワードから「スパゲッティとパスタの違い」「スパゲッティでスプーンを使う理由」「イタリアのその他の有名料理」など、無理やり話題づくりをしていきます。あるいは〝土曜日〟を軸に「一週間が7日のわけ」「先生が小学生だった頃の土曜日」等を述べていきます。私が勝手に〝掘り起こし〟と命名しているこの手法は、どんなに退屈に思える一日にも、必ず語ること、考えることがある！というメッセージを生徒に伝えられます。大切なことは、どんなに適当に書かれた文章にも全力で答える。その真剣さを生徒に見せることだと思います。

私がもう一つ日誌で大切にしていることは、「話題を与えてくれた生徒への感謝」を出来るだけ文字で表すことです。大人である私のほうが、生徒よりもより大きな知識や深い思考、あるいは新しい視点を持つのはある意味で当たり前です。しかしその出発点は、日誌が提起してくれた生徒の文章であることを胆に銘じています。生徒がくれた大切な素材を、私が加工、研磨することで一つの作品に仕上げる〝共同作業〟。こう考えるとき、自然と感謝する心が湧いてきます。それを言葉としてできるだけコメントに盛り込むようにします。学級日誌はあくまで生徒と先生の合作であることを常に意識する。それだけで今までの日誌とはまったく異なる素晴らしいハーモニーが生まれます。

第四章　愛すべき日々

ある日の学級日誌③

第一節　毎日がスペシャル！

何気ない日常の中にも日誌のネタは山ほどあります。高校生の〝The日常〟を堪能《たんのう》できる味わい深い作品を集めました。こうした小ネタも大切な日誌の思い出。学級日誌は、人生が些細《ささい》な、しかしスペシャルな毎日によって成り立っていることを私に教えてくれます。

Viva！サッカー！頑張れニッポン！

（日直）真

今年というか最近、テレビでサッカーに関する番組やCMをよく見るような気がします。日本がアジアカップで優勝してからは、ザッケローニ監督がよくCMに出ていたり、なでしこジャパンもW杯で優勝してからは、今まで、あまり取り上げられなかった試合などが特集されたりして、盛り上がっているなぁと思いました。しかも、今年はヨーロッパの強豪クラブが集まって頂点を決めるチャンピオンズリーグや、四年に一度の世界一を決めるW杯もありとても楽しみです。チャンピオンズリーグ（CL）ではもうベスト4が決まっていて、五月の初めに、決勝が行われます。私の優勝予想は、ドイツのバイエルン・ミュンヘンです。このチームは昨シーズンも優勝しており、今大会で優勝すると史上初の連覇になるので期待したいです。

そして今年の目玉といったら、六月のW杯です。サッカーしている人だったら、必ず見ないといけないぐらい大事な試合です。一応、優勝候補のブラジルは開催地ということもあり、優勝しないとスゴイ、バッシングが来るそうです。日本はグループリーグで、コートジボワール、ギリシャ、コロンビアと対戦します。みんなで日本を応援しましょう!! ガンバレ、日本。

サッカーの束縛

話題はサッカー。考えてみればすこぶる不思議な競技です。

人間が他の動物と決定的に袂《たもと》を分かつ原動力となった「手」。ある時は道具を作り、またある時は自らが道具と化し、更には自分の意思を伝えることも可能な「手」。

そんな、ヒトを人たらしめる「手」を用いずに、互いの優劣を競い合うスポーツがこの世に存在するとは、まさしく人間存在を全否定している印象を受けます。

しかし最近、考え方が変わってきました。そのきっかけを与えてくれたのは清岡卓行氏の「ミロのヴィーナス」という評論です。高二の教科書にも載っていたので、きっと皆さんもご存じでしょう。

あの中で清岡氏は『ヴィーナスは両腕を失ったからこそ、時間と空間を超越した、永遠の美を獲得しえたのだ』と語っています。手の使用を禁ずる無茶なルールによって、サッカーも世界的スポーツへと発展しました。

万能の手を封じることで、技術も戦術も昇華《しょうか》する……。まるでヴィーナスが見えない翼を広げて、大空に舞いあがる姿を仰ぎ見るようです。

人は束縛された環境でこそ、創意と工夫、知恵と勇気がわき起こるのかも知れません。逆に満ち足りた世界の中にずっと居ると、人は生きる意味を失ってしまう。

こんな笑い話があります。ある男が死後に美しい花園に連れてこられました。頭に思い描くあらゆる欲求が次々と満たされることを、初めは喜んで受け入れていました。

しかし次第に飽き始め、しまいには苦痛を覚えます。男は世話をしてくれる美女に問いかけます。「すべてが叶うのはうれしいが、私がイメージしていた天国とは違うね」すると美女は微笑みながらこう答えました。「あら♡ あなたは勘違いしていますわ。ここは地獄です♡」

束縛こそが人を成長させる。生きる意欲を与える。君たちを束縛している受験も、ある意味で人生におけるサッカーなのかもしれませんね。

愛される「嵐」

（日直）由稀

私は国語が苦手なので拙《つたな》い文章ですがお許しください。私の好きな歌手である嵐についてお話します。

先生は、嵐をご存知ですか？　嵐は、一九九九年に結成されたジャニーズ事務所所属の五人組アイドルグループで、メンバーは大野智、櫻井翔、相葉雅紀、二宮和也、松本潤です。嵐と言えば、まずメンバー同士本当に仲が良いです。他のジャニーズグループは仲が悪いとよく耳にしますが、嵐に関してはそういったことを聞いたことがありません。（私が好きだから聞かないようにしている、とかではなく）私の知り合いで、何十年もジャニーズの追っかけをしている人もそう言っていたので、これは間違いありません。

メンバー五人それぞれに違った特徴を持つ。それこそが、嵐が多くの人から愛される大きな理由であると考えます。一人ひとり紹介したいのですが、入りそうにないので割愛させてもらいます。

高三になってテレビを見ることが少なくなったので、動いている嵐を見る機会も少なくなってしまいました。ツライです。

しかも、今年嵐は十五周年で、ハワイでコンサートをすることも決まりました。受験生なので行けません。ツライです。ツライことばかりですが、それを逆に原動力にして頑張ります。

先生は、好きなアーティストなどいますか？　最近の音楽など聴きますか？　とても気になります。P.S. 先生がコメントしにくい内容の文章でごめんなさい。

「凡庸《ぼんよう》」という才能

嵐に限らず、今や男性も女性も集団アイドルが全盛です。もちろん今に始まったことではなく、数百年前の歌舞伎に始まり、百年の歴史を誇る宝塚や（私にとっては）比較的最近のおニャン子クラブ、モーニング娘。まで、集団アイドルはいつもアイドルの一翼《よく》を担っていました。特にジャニーズ系はフォーリーブス（知ってるかな？）以来、男性集団アイドルの中核として大切な役割を果たしていたように感じます。

さて嵐についてですが、私が個人的に感じる「嵐観」を述べるとするならば、メンバーが全員「凡庸」だという点。これは決して中傷ではなく、グループとしては非常に珍しい「美点」

になるのです。

古来三人以上のグループはカリスマ一人に対して、残りはサポートの構成になりやすいものです。例えばサザン、ミスチル、スピッツ。アイドルのＡＫＢ48はさらに露骨な順位システムによってヒエラルキー化しています。ＳＭＡＰにしてもキムタクとその他のメンバーの差異は歴然としています。しかし、嵐の場合は松潤に飛び抜け感はあるものの、全体的にはそれほど差がなく感じます。もちろん本当はそれぞれが際立つ個性を持っており、それをファンは敏感に感じているでしょうが、一般視聴者にとってこの「凡庸」は重要な受け入れ要素です。

加えて、最近のアイドル全般に見られる〝等身大〟の感情。昔の銀幕スターではなく、弱い所やカッコ悪い所も共有できる親近感がアイドルの重要な要素であることを、ジャニーズは教えてくれました。ある程度お年を召した方がハリウッド女優、あるいは韓流スターを追いかける時の、「圧倒的オーラ／手の届かない感」とは異なるアイドル像は、やはり若者ならではでしょうか。

ところで、男性アイドルについては、もう一つ言いたいことがあります。それはようやく女性も男性を「消費する」時代に入ってきたことへの感慨《かんがい》についてです。昔から女性は男性の「消費対象」でしたが、女性が男性を「商品」として見ることはあまりありませんでした。しかしその図式ももはや崩れつつあります。この話題に関してはまた後日、機会を設けて触れます。

イタリアを応援する僕

（日直）敬大

ワールドカップで日本が負けました。それよりも自分はイタリアを応援していたのですが、イタリアが決勝トーナメントに行けなかったので、もうワールドカップを見ることはないでしょう。勉強が捗《はかど》ります。

ところで、最近の生活リズムがとてもシンプルです。まず、朝起きて、学校に行く↓家に帰って勉強する↓寝るという具合に、この三つを毎日くり返しています。まだ一か月もたっていないのですが、もうあきました。でも「守破離《しゅはり》」の話を聞き、守は出来てきたので、そろそろ破離をするころになってきたのかもしれないと思いました。あとは、文化祭の話し合いがあり、やきとりグループが二人から十三人になりました。でも、自分はポップコーンをやりたいと実は思っているのです。

私的愛国心論

ワールドカップ、とても残念でしたね。しかし今日は一つ収穫がありました。敬大君のコメントに印象的なフレーズがあったからです。

「それよりも自分はイタリアを応援していたのですが」

以前君たちに国家や民族のお話をしたことがあったと思いますが、私たちは国家、ましてや民族などは〝所与《しょよ》（はじめから存在している）〟のものとして認識しがちです。むかしむかし、あるところで特定の人物が権力を振りかざすことで成立した境界線が、長い長い時を経ていつのまにか国境となり、民族や国家が成立する。従って私たちが普段感じている〝愛国心〟やら〝民族意識〟などは幻想に過ぎない……。というお話です。

これはいささか過激な話ですが、私が述べたかったことは「自分が当たり前だと思っている常識の中にも、常に恣意《しい》が隠れていることへの認識」でした。そして敬大君は、それを軽やかにやってのけています。あなたは日本人でありながら、平然と「イタリアを応援する」と言ってのける。そのスタンスがとてもしなやかで広い視野に立っていることに、自分自身では気づいているでしょうか？　私は〝若い人はやっぱり盲目的に日本チームだけを応援するだろうな〟と誤解していました。

もちろん日本を応援することは素晴らしいことです。しかし、それ以外の国を応援することはタブーではありませんし、ましてや他国を応援する人を非難することは決して許されません。それは悪しき全体主義であり硬直した愛国心に過ぎないからです。

愛国心とはもっと大らかで、楽しくて、度量の広いもの。本当に自身の国を信頼し、愛しているのならば、その国から距離をとることもまた容易にできる……。それが私の信念です。

敬大君のコメントのたった一行が、はからずも教えてくれたこと。それは自身の相対化ができる若者の存在と、それを嬉しく思う昔若者だった私の再確認でした。

ところで、ポップコーンはナイスアイディアだと思いましたが、それを主張しましたか？　焼き鳥などの〝生もの〟よりは簡単で楽しそうですが……。

アメリカの現実

（日直）桐佑

留学中のアメリカで知った衝撃の事実を書きます。

・テキサスにはたくさんのメキシコ人がいるが、彼らの多くは不法移民である。メキシコから川を渡って不法入国をする。

・麻薬はアメリカ文化の一部となってきている。僕の通っていた高校では実に八割以上の生徒がドラッグ経験したことがあるらしい。僕のホストシスターのエミリーには彼氏がいた。彼は僕の家の二軒先で、母と弟と住んでいたのだが、ある日、その家の前でパトカーが止まっていた。何事かと思ってエミリーに質問したら、どうやら、その彼氏の母親が麻薬密売容疑で連行されたようだ。

・別のホストファミリーにて。ジミーというホストファザーはお酒が大好きだった。どれくらい好きだったのかというと、朝、仕事に行く前に酒を飲む。仕事にはいつも弁当箱を持っていくのだが、中身は弁当ではない。お酒である。それも九本。もちろん仕事から帰ってきたら寝るまでお酒を飲む。そんな彼の仕事は重機を運転することである。

依存症

確かに桐佑君の報告は衝撃的ですね。「自由の国」「American Dream」と称賛される事実上世界一の大国アメリカも、様々な問題を抱えていることがよくわかりました。今回は特に麻薬の話題に焦点を絞ります。ご存じのとおり麻薬は依存、更には身体破壊を引き起こす禁止薬物です。これらを使用した場合の人体への影響は……、おっと、この日誌ではこんなありふれたコメントは面白くないですね。出来ればもう少し異なる角度から眺めてみましょうか。

そもそも人はなぜ、依存するであろうとわかっている、よくないとわかっていることに手を出してしまうのか？　麻薬しかり、煙草やお酒もしかり、あるいはパチンコ、競輪競馬などのギャンブルしかり。世の中に蔓延《まんえん》する「依存しやすい」物に手を出す理由は……弱いから？　無知だから？　それとも本当にただの好奇心だけ？

私は、これら依存を誘発する対象に心惹かれる人物は、どこかで乾いた心を持て余しているのではなかろうかと考えています。最もわかりやすいのがお酒です。お酒は〝百薬の長〟

などともてはやされていますが、アルコール依存に陥る人は日本だけでも二百万人以上と言われています。では、その全ての人が初めから依存することを目標として飲み始めたのでしょうか？　いいえ、違います。現にアルコール依存症にならない人もいます。では、依存症に陥る人と、そうでない人にはどのような差があるのでしょうか？　よく「飲酒量／飲酒頻度」などと言われますが、そんなに単純なものではありません。どこかで「飲まずにいられるか！」という環境が、人を依存症に追い込むのです。

仕事、家族や友人関係、あるいは自分の目標や生きがいなどがしっかりと確立している人は、何かに依存する必要がありません。仕事はしているけれど、家族はいるけれど、どこかで自分を持て余している、欠如《けつじょ》の感覚を抱き続けている、その隙間《すきま》を埋めようとしてお酒を体内に注ぐ……。そう思えて仕方がありません。しかし、どうせ依存するならば、愛する家族、やりがいのある仕事、未来ある子供たちに依存したいと思いませんか？

憧れの東京

(日直) 紀一朗

僕は大学生になったら、東京に行きます。東京に憧れるなんて田舎もんの典型ですね。しかし、地元の大学に行く人の考えが理解できません。それこそ田舎もんだと思います。うそです。地元大学志望の人たちごめんなさい。

さて、「世界で一番フェラーリが走っているのはどの都市?」この答えは、東京だそうです。やはり、東京は憧れてしまいますね。滝川クリステルさんは、こう言いました。「東京で財布を落としても必ず手元に戻ってくる」まぁ、なんという素敵な街でしょう。いいですね、東京。東京には美人がたくさんいるといいます。これが一番の決め手ですね。「東京には美人がたくさんいるのに、どうして行かないものか、いや行く」反語を使いたくなる程行きたいです。東京の魅力も再確認できたところで、受験勉強に勤しんでしまいましょう。

大学ではちゃんと勉強して、理系のエキスパートになります。そして、かわいいかわいい彼女を作ります。

都市の役割

東京には政治、経済、文化、人。どれをとっても他の地方とは全く異なる独特の立ち位置があります。そんな東京に行きたい！というだけでも、合格への立派なモチベーションになり得るので頑張ってください。ただし、東京に美人がいるというのは少々誇張された思い込みがあるようです。人口数から考えて美しい女性の絶対数が多いのは当たり前ですが、パーセンテージで比較するとどうも怪しい結果になるのではないか？と密かに危惧《きぐ》しています。

もし、紀一朗君の言わんとすることを、もう少し正確に表現し直すならば「洗練された女性が多い」となるでしょう。都会は私達に「機能」だけを求めます。肩書、お金、地位、名誉、そして外見……。多くの人びとが互いの外見からその人を判断し、値踏みし、決めつけていきます。そのような常時戦闘状態では、人は否が応でも美しく装わずにいられません。

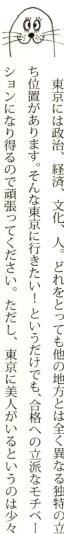

ファッション、コスメ、カルチャーセンター。多くの機能を高めるための仕掛けが女性を飾り立てます。これは決して皮肉や批判ではありません。もとより都会とはそういう場所なのです。それを否定する意味はありません。自身の存在が家族や恋人、あるいは自分の故郷によって盤石《ばんじゃく》なものとなっているならば、ぜひ機能で勝負する都会に飛び立つべきです。そこで互いの機能を見せ合い、あるいは競い合うことも大いに結構。それが都会に暮らすということの本当の意味です。

それよりもかわいい彼女を作るための秘訣《ひけつ》を教えましょう。それは「話すこと」です。会話によってしか人は近づくことが出来ません。はじめは見た目や運動神経、持ち物などの機能で惹かれることでしょう。それは仕方のないことです。しかし、機能は他者を惹《ひ》きつけるきっかけにはなっても、継続する動機にはなりません。外見は中身を知ってもらうために、自分へ引き寄せるための誘蛾灯《ゆうがとう》に過ぎないのです。

だから、まずは会話する勇気、伝える技術、共感する能力を磨いてください。そうすれば、きっと可愛い彼女をゲットできると思います。その暁《あかつき》には私のことをぜひ尊敬してください。

気配りは大事

（日直）康太

最近は「疲れるなぁ」と感じることが多々あります。夜の十時に塾から家に帰ると眠たくて仕方ありません。というか塾にいる時から眠いです。これは週に六日塾があるからかもしれませんが、やはり人間は適度に休まないとダメなもんですね。体が壊れてしまうと勉強もできないですね。

特に今年は受験生ということで、勉強の他にも色んな事に目を向けないとやっていけないと感じます。「色んな事に目を向ける」というのは、どんな場面でも必要だと感じます。

例えば、テニスや、バドミントンのダブルスです。シングルスでは自分一人で考えながらボール（シャトル）をコントロールするのですが、ダブルスだと、相手がどこに打ってくるかだけでなく、ペアがどこに打とうとしているのか気にしなくてはなりません。更に、ペアがミスしたら優しく声をかけたり、他にもコートマナーに気をつけないといけないです。「気配り、目配りをして、色んな事に目を向けることが大切だ！」が今日のメインテーマでした。

知る者は言わず　言う者は知らず

確かに最近、康太君が疲れているように見えますが大丈夫でしょうか？ 食事もしていますか？ 特に糖質はしっかりと補給する必要があります。脳の唯一の栄養源は糖ですから（最近は異説もありますが）、適度に甘いものを摂取しましょう。

さて、今日のメインテーマは康太君の提供してくれた〝気配り〟について。気配りという言葉は、そこに他者の存在を含んでいます。無人島で一人暮らしをする人に気配りは無用です。気配りは他者との関係の中で生じるストレスと言えるでしょう。私は今、わざと〝ストレス〟という単語を用いましたが、気配りはある意味ストレスです。しかし、これは必ずしも悪いものではありません。このストレスは逆に自身を成長させる起爆剤、あるいは生活に活気を与えるカンフル剤の役目を担っているからです。康太君が気配りの重要性に気づいたこと、これは本人が考えている以上に重要なことです。社会の中で他者と生きることの価値と意義、そして義務と責任の自覚を意味するからです。

ただし、少しだけ違和感もありました。それは私の康太君に対するイメージが、もとから気配り上手だったからです。クラスの中には〝もっと他人への気配りをせぃ！〟と突っ込みたくなる男子が大勢いる中で、康太君は数少ない気配りのできる男子だと思っています。その当人が「もっと気配りを」と自己分析しているのが可笑しくもあり、切なくもあります。

本当に優しい人は自分のことを優しいとは思っておらず、優しさの欠片《かけら》もない人が、自分のことを〝私、メッチャ優しい！〟と吹聴《ふいちょう》する。気配り出来ない人が気配りについての蘊蓄《うんちく》を披露する一方で、本当に気配り出来る人は、自分の至らなさを常に恥じる。

自分を省みることができる。これが最も大切でありながら難しいこと。自らの弱点、欠点に気づくこと。それはすでに強みであり、長所であることを私達は知る必要があるかもしれません。逆に偉そうにご高説を垂れる人は何も知らない。「知る者は言わず　言う者は知らず」名言です。こうやって毎日偉そうにコメントを書いている私も反省することしきりです。

◎ホームルーム「心に残る学級日誌②」

今年の学級日誌での出来事。ある日の日誌の片隅に、小さな走り書きがありました。そこには東京の有名私大を志望し、今まで頑張ってきたこと。ところが親の経済的な事情で、急に取りやめざるをえなくなったこと。しかも自分には何の相談もない一方的な通告だったことなどが切々と書かれていました。そして、今は受験勉強に立ち向かえず、心が折れそうだと締めくくられていました。ところが翌日、その走り書きは消しゴムできれいに消されていました。私はその生徒が読んでくれることを願いながら、次のメッセージを書いて、書かれた跡に張り付けておきました。

別なクラスの誰かさんへ

どこのクラスの方かはわかりませんが、せっかく私のコメント欄に〝乱入〟してくれたのに、消してしまっていますね。勢いで書いたことを恥じたのか、それとも自身の意見を表明することへのためらいか……。理由はわかりませんが、私は読んでいましたよ。

あまり励ましにはならないと思いますが、一つだけ。

私は「全てのことは愛働《あいはたら》きて益となるを我は知る」を座右の銘としています。

人生はなかなか思い通りにはいかないもの。しかし長い目で見ると、あのとき、あの場所で起こったことは、何らかの意味があり、私にとっての財産になる。そう感じることが多くなってきました。もちろんその只中にいるときはわからないものですし、自身の運命を嘆き呪うことしか出来ません。しかし、いつかその時の苦難が大切な糧になっていることに、気づくときが来ると思います。また、その時の苦難をいつまでも〝苦《にが》い思い出／つらい記憶〟としてではなく、〝大切な財産／必要な試練〟だったと捉えられるようになれば、更に大きく成長できます。

急な志望変更、しかも親の強制による変更で折れそうな気持ちを抱えていることだと思います。しかし、この学校の生徒は誰でも底力があることを私は信じています。だから、どうか心折れずに立ち向かってほしいと祈っています。もしもまたつらいことがあったら、いつでもEクラスの日誌においで！　亨読んでくれたかどうかわかりません。しかし、この文章を私のクラスの生徒が読むことで、きっと本人にも伝わったのではないかと思います。

学級日誌はときとして、駆け込み寺の役目も果たします。面と向かっては言えないけれど、誰かに聞いてもらいたい。悩みや痛みの受け皿の役目もあることを私はこの経験から学びました。

第二節　お家に帰ろう

家族。それは空気のようなもの。身近にあって常に自分を包んでいるけれど、普段は存在にすら気づかない。その家族が、かけがえのないものだと気付くとき、生徒は一回りも二回りも成長します。私は日誌に家族の話題が出てくると、楽しくて、嬉しくて、そして温かい気持ちになります。

私のコンプレックス

（日直）真菜

駿！アカデミー名誉賞おめでとう！日誌の最初に書くことでもないかもしれませんが書いたのでもう消す気はないです。宮崎駿監督がアカデミー名誉賞を受賞したんです！私も嬉しい。受験終わったら駿に会いに行きます。今日は、本当は『風の谷のナウシカ』に出てくる巨神兵と『天空の城ラピュタ』に出て

くるロボット兵の二項対立を書こうと思っていたのですが、日誌を読んでいたら別の事を書きたくなったので、そっちにします。

書きたい事っていうのは「私」のことです。正直、亨先生とあまりお話ししたことがないので……。というのも、私は話しかけようと思えば話しかけられるような人にも、人見知りをすることがあるからです。正確に言ったら、意図的に？人見知りをします。私の中のコンプレックスがそうさせるのです。急に話に入ってきたら迷惑だと思われないかなとか、いろいろと考えてしまいます。

あとは、受験生だからっていうのもあります。受験生なのに話している場合じゃないんじゃないの？自分にそんな余裕ないんじゃないの？とか考えてしまいます。こういうのって自分の対人関係を狭《せば》めるだけだし良いこと無いのはわかります。でも壁を作ってしまいます。

さらに言えば受験期ってストレスたまります。それは、私の志望校に対する学力のギャップが生み出すものでもあ

ります。また、勉強を始めたらこんなに楽しいのに、どうして今までやらなかったんだろうとか、もっと一人ひとりの先生の授業をしっかり受けて楽しめば良かった、もったいないことをしたなとか、学費を払っている親への申し訳なさとかいろいろ考えます。全て、自分の至らなさの招いたことです。

でも、それは今の自分にも言えることだと思います。今の自分は精一杯勉強できているのか。今、学校に行けば友達が、塾に行けば先生が、家に帰れば家族がいて、私を支えてくれます。それを全て受け止めて受験生活を走り抜きたいと思います。そして残りわずかの学校生活を楽しみたいです。

コンプレックスは武器

何歳になっても「私」の不可思議さは永遠に続きますね。真菜さんが自分自身のことを持て余している様子が、手に取るようにわかります。人見知りについては以前望さんのところで書いたので、今回はコンプレックスについて述べてみることにします。

コンプレックスという単語は本来「複雑な心理の集合体」の意味なのです。ロリコン＝ロリータ・コンプレックス／マザコン＝マザー・コンプレックスのように、対象に対する特別で複雑な心理状況を指します。日本ではなぜかコンプレックス＝劣等感として用いられていますが、もともとコンプレックスという単語自体に劣等感の意味はありません。

話がずれましたが、コンプレックス＝劣等コンプレックスは、実は私達を助ける武器になる場合が多いのです。人は弱さを見せると、そこに同情や共感、更には親密さや愛情さえ感じます。古語の「うつくし」が幼いもの、小さいもの、弱いものへの同情からくる愛着の語源であることを考えると、日本人は昔から劣等性に市民権を与えていたことがわかります。

コンプレックスを持つと〝自身の弱さやレベルの低さが露呈するのではないか？〟と恐れます。だからこそ、他者と距離をとって深い付き合いを避けようとするのです。現代社会はそのようなタイプの人々を「ネクラ／ノリが悪い」などと揶揄《やゆ》しますが、逆にその控えめさを好ましく感じる人も少なからず居ます。自分を無理に変えてまで明るく見せるよりも、こんなコンプレックスを持つ自分をそのまま受け入れてくれる友達や恋人を探すほうが、よっぽど人生を楽しく生きられる気がします。学問的には多くの人びとと出会うべきだと思いますが、人生は学問だけで構成されているわけではありません。真菜さんが一番生きやすい行動を選べば良いのではないでしょうか。

それから、最後のほうで今まで怠惰《たいだ》にその日を過ごしてきた反省と、これからの決意が述べられています。あなたの年齢でそのような自覚ができるならば、それはとても幸せなことです。殆《ほとん》どの人は一生自分を反省できずに終わるものです。せっかくの気付きをぜひ、これからの充実した人生へとつなげてほしいと思います。

子・親・家族

（日直）梢

みんなの日誌を読んでいると、レベルの高さに驚きました。自分なりに頑張ってみようと思います。

結構前の現代文の授業で、亨先生の説明が私にとってものすごく印象的だったので、そのことについて書きます。若者は実家に帰りたがらないとか、単身赴任のサラリーマンは家族が恋しくなるとか……そんな文章があったと思うのですが……家族の絶対性を疑うことが逆にうまくいくコツなのだという考えは、少し複雑な気持ちがしましたが、夫婦円満の秘訣は適度な緊張感‼ というのは、こういうことなのかなと思いました（↑当たってますか？）

子どもを強く抱きしめると子どもは安心して逆に離れていく、という話は納得できました。私の母はけっこう子どもを放っておくタイプだったので、私は小さい頃は、親の後をついてまわる子だったそうです。最近、モノレールなどの公共の場で親にまとわりつく子どもを怒る親をよく見かけますが、もっと愛情を注いであげれば子どもは安心して離れていくのかもしれないなと思います。親は良かれと思って怒っているのだと思いますが、逆効果になっているのかと思うと、子育てって難しいなと感じました。

最後に学級連絡の最後についている漢文の知識だったり、授業だったり、日誌だったり、亨先生から学ぶことは多いです。

家族の役目＝存在肯定

何度かお話ししたと思いますが国語の授業、特に教科としての現代文とは〝現代文〟という教材を用いて〝思考する〟作業の代名詞だと考えています。ですから、梢さんが私の授業を契機として感じたり、考えたりすることは私の最も理想とする浸透の仕方です。

さて「家族」の問題について述べているので、それに関する話題をいくつかお話ししましょう。現代の日本は超がつく少子高齢社会ですが、個人的にはこの状態を打破するためにも、旧態依然とした、従来の家族観をコペルニクス的転回へと持っていく必要があると感じています。家族を器として眺める限り、変化を促すことは難しいでしょう。しかし、目的がはっきりしていれば器の名称（夫婦別姓）や形式の有無（事実婚やシングルマザーも含めて）などは副次的なものだと気づくはずです。

授業でも繰り返しましたが、家族の最も大切な役割、それは「あなたがあなたであるだけで私はうれしい」という〝存在の全面肯定〟です。幼い時期には全能感（なんでもできる、不可能はない）を持つことが大切だと言われていますが、全能感を持つには家族の協力が不可欠です。

逆に言えば全能感を育《はぐく》み、自己肯定感を形成可能な環境ならば、器の色や形などは拘《こだわ》る必要はありません。実際にフランスでは器に拘らないことで、先進国トップの出生率を確保しています。女性が働きやすい環境の整備や待機児童の解消などももちろん重要な政策ですが、もっと根本的な部分でMind Changeを促すことが急務です。みなさんもそう思いませんか？

梢さんがコメントの後半で「子育てって難しいな」とつぶやいていますが、私もまさに難しさに直面している一人です。授業ではこんなに偉そうにご高説を垂れているのに、子どもたちと向き合う時にはただのお父さんになってしまう自分がいます。君たちに教えている理論を、実生活のなかで如何《いか》に生かしていくか？これが私の今一番の検討課題になっています。

お母さんとのケンカ

（日直）彩華

センターまで残り百三十一日。ついこの前残り一年だー、とか思っていたのにそろそろ残り百日を切りそうでとてもあせってきます。あと半年も経たないうちに自分の一生を左右する決断をしなくてはならないことを考えると怖いです。

私は夏休みの中頃に進路変更を考え始め、怖くて親に言えないまま、夏休みの終盤になって、ようやく親にその話をしました。それから一週間、もうそれはすさまじい、生きてきた中で最大規模のけんかをしました。結局いくら話し合ってもずっと平行線をたどっていたので双方折れるという形でまとまりました。自分の意見を通せなかったのはとても悔しいですが、親も私のことを心配して進路に反対していたのは十分に伝わってきたので、この答えが今の自分にとって最も良い選択なのかなと思います。

今回のけんかで一番悔しかったのは「勉強から逃げてるだけじゃないの!?」と言われたことです。私は今でも自分なりに一生懸命勉強してきたつもりでした。その努力も全部否定されているようでとても悲しくなりました。だから、入試まで残り半年弱たくさん勉強して現役で合格して絶対に見返そう!!と決意しました。日誌なのにほぼ愚痴のようになってしまってすみません。次に回ってきたら、もう少し中身がある話を書きます。（多分）

君の人生は君のもの

　君の人生は君だけのものだから、もっと自己主張をしていいのだと私は常々思っています。親になって初めてわかること。それは生徒に対してはあれほど理論的で冷静に判断できるのに、わが子のことではソワソワしてしまう点です。子供が自身の一部だと感じている間は、こうして感情的になってしまうのかもしれません。

「神様からの授かり物」という言葉を知っていますか？　これは親が子どもに対して、どう思うべきかを説いたものですが、今の私に一番必要な視点だと思います。幼いころから面倒を見ているうちに、いつのまにか子どもは自身の肉体、自身の心の一部になってしまうものです。そんなときに「この世で立派に育つように、神様から一時的に預かったもの」と捉え直すことができれば、おのずと所有欲は薄れていくのかなと感じています。彩華さんのお母さんも、いつかはこういう気持ちになると思います。それまで頑張って！

　それに、彩華さんがいつも頑張って何事にも努力していることは、私はもちろん、友人たちもよく知っていますし、本当はお母さんだってわかっているはずです。でも、悔しさをバネにするのは良いこと。ぜひ見返してやってくださいな！

この日誌は何を書いてもよいことにしています。こうやって自身の行き場のない感情をぶつけ、みんなと共有することも大いに結構。逆に彩華さんの言葉に触発されて、親に言えなかったことを言えるようになる誰かが現れるかもしれませんよ！　私はこの日誌を、単なる一対一の往復書簡としてだけではなく、対話から何かをつかむヒントになればいいな！　と思って毎日書いています。最近は忙しくて少々滞《とどこお》り気味ですが、またガンガン書きなぐっていきたいと思います。

ちなみに私はみなさんの文章を読み終わると同時に、書くべきコメントが頭のなかで全文完成しているので、あとはそれをワープロで写す作業をしているだけです。だから、一回のコメントはだいたい十分程度でいつも仕上げています。すみませんでした。自慢です。

・・・

お父さん大好き！

（日直）愛華

私は、お父さんに反抗（渋谷の女子高生が言う、〝お父さんは生理的にムリ〟などのような

もの）したことがありません。たぶん、私のお父さんが世間一般のお父さんよりも比較的若いことが一番の理由だと思いますが、私はそれに加え〝お父さん教〟の信者なのか、というくらいお父さんを尊敬（！）しています。お父さんっ子です。ですので、今日はお父さんの魅力について語りたいと思います。（以下、お父さん↓父さん、父）

私の〝なるようになるさ〟みたいな性格は父さん譲りです。周りに誤解されるときもあるけど、私としてはその精神で見ているこの世界はとても楽しいです。それと、音楽を聞くのが好きなのですが、洋楽やJ―POPを教えてくれたのも父です。幼い頃、ドライブ中にビヨンセを流して英語の歌詞を口ずさむ父さんを見てカッコイイ！と思ったのを思い出します。歯並びが悪いのも、毛が濃いめなのも父さんのステキな遺伝子です。話していて、とても楽しいのも、また一つの理由です。

まだ触れてはいませんが、お母さんはつまらないです。例えば夏休み前に、とある宗教に勧誘されたことを家族に話すと、お母さんは、「話しかけられても無視しなさい」と言いました。道を聞かれて教えている途中に勧誘や！と気づいたので、その教えは、ためになるものではありませんでした。すると父さんが、「あいちん、そういう時は、〝触らぬ神に祟りなし〟って言えば大丈夫だよ」と言いました。面白い！　しかもそれから宗教のすごさとかマインドコントロールのすごさとかに話が広がるので、もうサイコーです。話も全部面白いし。生きる術にもなります。

そんな父さんが文化祭の駐車場係を引き受けた、と耳にしました。父さんの凄まじい短気な所を嫌なほど熟知している私からしたら駐車場で何が起こるのかは言わずとも知れています。保護者並びに一般客の皆様、ぜひともタラタラすることが無いようによろしくお願いします。

なるようになるさ！

一読して家族のほのぼの感が伝わるよい文章です。娘さんがお父さんのことをこれほど好きな家庭も珍しいのではないでしょうか？　私の娘に爪の垢《あか》でも煎《せん》じて飲ませたいものです。

〝なるようになるさ〟。この言葉、以前はあまり好きではありませんでした。意思や目標が感じられず、その場さえしのげれば結果オーライ！ 的な意図が見え隠れしている気がしたからです。しかし最近は、この感覚を「素敵だな」と感じる自分がいます。人生には自分の意思で変えられる部分と変えられない部分があることを知ったからかもしれません。私は極端な運命至上主義者ではありませんが、熱烈な意思至上主義者でもありません。どちらの要素も人生には織り込まれているからです。

最近知った言葉で印象に残ったフレーズがあります。この言葉はアルコール依存症を克服する団体がモットーとして掲げているものだそうです。しかし、私はこのフレーズが、人生におけるいろいろな場面で唱えられるとよいなあと感じています。紹介させてくださいね。
「変えられるものを 変える勇気を。変えられないものを 受け入れる落ち着きを。そして 二つのものを 見わける賢さを私に与えてください。」

特に傍線部で示した二番目の文は、さきほどの〝なるようになるさ〟の精神に似ている気がします。そう、私たちにはどんなに頑張っても変えられないものがあります。環境、生まれ持った特徴、資質や能力……。もちろん向上する努力は大切です。しかし、すべてを変えられると考えるのは傲慢《ごうまん》でもあります。変えられないものに出会ったとき、私たちが心がけるべきことは静かにそれを見つめ、受け入れ、その上で他に何が出来るかを改めて探し求めること。

君たちもこれから人生の壁にぶつかることがきっとあるでしょう。そのとき、できればこの言葉を思い出してみてください。君の悩みは〝変えられるもの？〟それとも〝変えられないもの？〟わからないときはいつでも相談に来てください。

お母さんはアイドルおたく

（日直）夢

私のお母さんは異常に〝嵐〟が好きです。〝嵐〟というのはジャニーズの国民的アイドルで、紅白の司会を五年連続で担当しているあの〝嵐〟です。きっかけはささいな事でした。お母さんから「イベントに合う曲を探しているから、何か適当にCDを貸して」と言われたので、そこそこ嵐が好きだった私は、たまたま持っていた嵐のCD（ゲオで八〇円で売っていたのでラッキー♪と思って買った）を

渡しました。今までの母は「嵐って何？　ＡＫＢって誰がいるの？」というような、芸能人をまったく知らない人だったので、その母が机の上やトイレまでポスターをはり、嵐のアルバム＋ＤＶＤを全部買い集め、車に乗っている時は嵐の曲を大音量で流す（ライブ感を味わえるからだそうです）時には唖然《あぜん》としました。そして、ついに母の夢は嵐の大野君（特に好きなメンバー）と一緒にコーヒー？を飲むこととなりました。そんな母に、家族は皆あきれています。

以前、家族で外食した時に、「嵐」の名がつくラーメン屋さんに行きました。その時母が珍しく店員さんに声をかけたので、何かな？と思ったら、「嵐げんこつラーメンの〝嵐〟って、ジャニーズの〝嵐〟ですか？」と聞くんですよ!!　私・父・弟はびっくりして、私なんか「そんなわけないでしょ!!」と叫びました。店員さんはすごく困っていました（笑）

このように、どんなに「今の若い芸能人は誰が誰だか分からないよー」って言っていた人でも、あるきっかけによってアイドル一色になっていたりします。亨先生も気をつけ

た方がいいですよ。奥さんとか。

束《つか》の間のバーチャル

　またまた男性アイドルネタの登場です。嵐については以前に書きましたので、今日は別な角度から攻めてみたいと思います。

　最近、韓流のスターや男性アイドルにどっぷりとはまる熟女世代が増えているのだそうです。さらには夢さんのお母さんのように、既婚でお子さんもいらっしゃる女性が、娘や息子ほどの年齢差のある年下君に惹かれる……。確か漫画でもそのような設定が大ヒットを飛ばし、最近では人気女優の主演でドラマ化されたりしています。この現象の背景にあるものはなんなのか？　最近では様々な分野の知識人がそれぞれの見解を述べているようですね。私自身はこれらの現象とアイデンティティとの関わりを感じずにはいられません。

　人は誰かを思うときに、自身の存在を強く意識します。例えば〝あの人が好きな私〟であったり、〝彼女が好きでたまらないオレ〟であったり。他者は、自身がこの世に生きる意味を教えてくれる大切な存在と言えるでしょう。ですからある程度の年齢を重ねた女性、特に独身女性ならば自分の生きる意味や価値を〝偶像＝アイドル〟に求めてもなんら不思議はありません。むしろ正常な行動と評価すべきです。では既婚者、特にお子さんもいらっしゃる女性はどうなのでしょうか？ 旦那さんもいる、お子さんもいる。アイデンティティの確保ならば、もう十分すぎるほどのアイテムが揃っている気がします。

ここからはあくまで私見ですが、アイドルに夢中になれる既婚女性の家庭環境は、すこぶる「落ち着いている良い家庭」の気がします。働き者で物分かりの良い優しい旦那さん、頭がよく親孝行な子ども。絵に描いたような理想の家庭……。しかし人はモザイクです。あまりに順調な人生を歩んでいると、ドキドキする人生が素敵に見えてしまうもの。危なっかしい行動をとるヤンチャなアイドル、危険な香りを漂わせる韓流スター。どれも実人生にはない幻想的な世界。お母さんは束の間のバーチャルを味わっているのかもしれません。

◎職員室「学級日誌のルール」

生徒が書く際には、事前に守るべきルールを定めますが、その数は出来るだけ少なくするべきです。大切なこと。それは生徒の〝表現したいエネルギー〟を最大限尊重することです。ですから内容や話題も出来るだけ自由が望ましく、先生への反論もＯＫ。マンガやアイドルの話題、学校批判や教師批判も私は敢えて制限しませんでした。私が決めたルールは二つ。

①必ず八割以上は埋めること。

②公で読まれるのにふさわしくない文章（誹謗中傷／下品／不快な表現など）はＮＧ。

以上です。クラスの状況、発達段階などの状況に応じて多少のルール追加は仕方ありませんが、その場合もできるだけ少なくすることが望ましいと思います。ただし、このルールを守らなかった場合は厳格に対処することは初めにきちんと伝えておきます。特に②のルールは学級日誌の根幹に関わることなので、しっかりと説明し注意を促しておきます。

問題は二つ。学校や教師批判などの場合と、生徒からのＳＯＳ発信のときです。前者については、感情論や自己中心的な批判に対してはコメントで厳しく反論しますが、正当な主張、聞くべき批判のときは一緒に考えます。場合によってはこちらが対応を改めなければならないこともあるでしょう。学級日誌がフタをしがちな事柄を互いに語り合える場になれば、最高です。

後者は慎重に対応する必要があります。実際、過去にSOSを感じさせる文章もありました。そのときはコメントでは励ます程度にとどめ、場合によってはそのページを一度日誌から取り外して、書いた本人に直接コンタクトを取ることも考えます。また、他の先生やスクールカウンセラーの先生にも読んでもらい、助言をいただいたり、一緒に対処を考えます。

批判にせよ、信号にせよ、本人は誰かに読んでもらいたい、そして理解してもらいたいからこそ、学級日誌に書くのだと思います。その叫びを聞き逃してはなりません。生徒は、自身が学級日誌でつぶやいたことに対して、担任や他の先生が汲み取ってくれることをとても喜びます。日誌を通して先生と生徒、そして生徒同士がより分かり合え、気遣いあえるならば、至高の学級日誌となるでしょう。

第三節　前を向いて

とうとう最後の節となりました。ここに収められた文章は、今年度の日誌の中でも特に心を打つ〝名作〟です。私はこの文章から、若者の強さと優しさを感じました。どんなときでも前を向いて歩こうとする生徒たち。君たちの未来は輝いているはずです。学級日誌を続けて本当に良かった！と感じられる三編。読者のみなさんの心にもきっと残ると思います。

試練は益となる

（日直）珠波

私は今年三月に、脳外科の手術を受けました。私は小学校二年生の時に、脳のちょうど真ん中に腫ようのような、脂肪のかたまりが見つかり、年に一、二度検査を毎年受けていました。十年ほど経過を見て何の異常も無かったのですが、昨年十月のＭＲＩの検査で、急にかたまりが大きくなりはじめていました。そして、一月にもう一度検査をすると、それでも大きくなり続けていた為に手術をすることになりました。私はずっと他人事だと思っていた脳の手術を受けることが、手術前に入院してもなかなか実感できずにいました。

高校二年の三月はじめから手術のために入院をし、学校のみんなに会えないのはとても寂しかったです。でも、そんな私に、友達から毎日のように励ましのメールが届きました。そして、学校帰りに友達が病院まで会いに来てくれたりして、私はとっても嬉しくて寂しさなんてふっとんでしまいました！

その中でも、とっても嬉しいことがありました。それは、ある日病院に、サプライズで友達の男女十人程の人数でお見舞いに来てくれて、皆から千羽鶴をもらったことです!! 私はあまりの嬉しさと驚きで涙が止まりませんでした。その千羽鶴はクラスだけじゃなくて、学年の色んな人が鶴を折ってくれたと聞いて、もう自分はこんなにいい友達を持って幸せ者だと、とてもとても感じました。

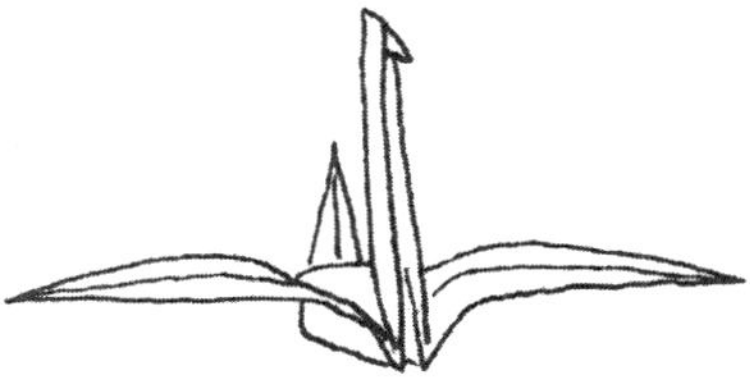

手術はとても大きいもので、終了まで十時間もかかりました。頭にメスを入れ、頭がい骨も一部切り取ったそうです。手術後は目も開かなくて、あごの筋肉を切り取ったために食事もまともに取れませんでした。自分で歩けなくて、車いすに乗っていたあの頃は、五体満足で生活することがどれだけありがたいことであるのかを心から感じました。何もできない私の世話を毎日毎日してくれた家族には、本当に感謝しています。

病院では、脳の手術をしても治らないと言われても明るく元気に生活している患者さんや、サザエさんが大好きないつもニコニコした可愛いおばあちゃん、医学が好きで今年大学の医学部に入学した五十歳の女性、いつもは修道院に住むシスターさんなど、ここに紹介しきれないいくらいたくさんの人と出会い、〝全くちがう環境にいる人たちがここで出会えるってすごいな〟と思いました。

私は、大手術を受けたことで、とっても苦しい時期もあったけれど、友達・家族の大切さを知り、たくさんの人とのすてきな出会いを持つことができたことに、とても感謝していきます！手術も大成功して、本当に〝試練は益に変えられる〟と心から実感できたこの経験は、私の一生の宝物です。（止まらなくて、とーっても長文になってしまいました。ごめんなさい）

病は「悪」か？

私は日直に必ずたくさんの文章を書かせます。四月の始めにこのことを伝えると、必ず「面倒！」「書くことな〜い」と拒否反応が起こります。しかし、しばらくすると担任のコメント欄を〝侵食〟し始めます。~~ひどい~~すごいときは事前にワープロで文章を用意して、日直時に貼りつける猛者《もさ》もいました！　みなさんも次第に〝書きたい病〟になってきているようですね。担任の思うツボです。

今日の話題は、なかなか得られない経験と感情を私たちに与えてくれました。私は珠波さんのような大手術を受けたことがないので、そのときの不安や恐怖は推し量ることさえ難しいのですが、よくぞ乗り越えました。まずは、お帰りなさい！　よかったね！　と心からお祝いを申し上げます。

珠波さんの文章は文系の諸君が先日現代文で学習した「告白体」です。自我を持った一個人が、自身の体験で得たものをみんなに伝える。読者はそれを確立した自我の訴えとして謙虚に受け止める。そしてその経験を通して、自分の知らない世界を知り、自分にとっての未体験領域を我が物とする。文章を書くという作業は、自我の叫びとその傾聴《けいちょう》、伝えたい思いを伝えたい言葉を通して伝え、知りたいと願う心を満たしていく作業に他なりません。

　さらに、今回の文章をテクスト論的に解析するならば、珠波さんのポジティブ思考が人生に充実と潤いをもたらしていることに気づかされます。あなたの文章はポジティブなフレーズの数がネガティブなフレーズを圧倒しています。開頭手術を受けたとは思えないほど、文章全体が明るさと前向きな表現で彩《いろど》られているのは、珠波さんの精神が常に上向きであることの証しであると分析できます。逆につらかった記憶であるはずの部分は極力事実の描写に留められています。本人は無意識だと思いますが、ここにも痛みや苦しみに対する相対化が行われ、喜びや感謝に主体を置く珠波さんの人生観が表れていると読み取りました。

　さて、せっかく病の話題が出たので、少しだけこの部分を掘り下げてみたいと思います。それは〝病の相対化〟です。

　私たちは今まで病気を悪と捉えてきました。病気は忌み嫌うべきものであり、戦い打ち倒すべきものであり、この世から抹殺すべきものであると信じてきました。健康こそ正義、健常こそ善。私たち人間の歴史は病との戦い、病からの逃避の歴史と言えます。しかし、最近は新しい視点の提供が学問の世界、特に哲学や心理学などの分野からなされています。それが先ほど述べた〝病の相対化〟なのです。果たして本当に病気は悪なのか？　病は本当に忌み嫌うべきものなのか？　一見すると、この問いは荒唐無稽《こうとうむけい》に感じられます。しかし例を挙げると納得するはずです。少しの間お付き合いください……。

一郎・二郎・三郎は三兄弟。今回の主人公は二郎。彼はある寂しさを抱えていました。長男として期待されている一郎。アイドルとして親戚からも人気の末っ子三郎。その間に挟まれた二郎は常に疎外感を抱いています。ある日、二郎は大病を患《わずら》います。長い闘病生活は苦しいものでした。しかし、今まで威張り散らしていた兄の一郎は優しくなり、わがままを言ってばかりの弟三郎も二郎を気遣ってくれます。一番嬉しかったこと。それは自分を見ていないと思っていた両親が、本当に心配してくれ、他の兄弟はそっちのけで自分を最優先に世話してくれることでした。二郎は家族の一員として愛されていることを自覚し、誇りと自信を取り戻します。もう疎外感なんて感じません……。

この話の中では、病は果たして悪だったでしょうか？　忌むべきものだったでしょうか？　答えはＮＯです。二郎にとっての病、それは救いであり癒しでした。関係を見直し、再構築し、自身のアイデンティティを取り戻すための武器でした。病気自体は辛かったでしょう。しかし、二郎はそれ以上に大きな贈り物を受け取りました。それは自尊心の復活です。〝病の相対化〟は新しい光を見せてくれます。珠波さんの経験から私たちはそれを学ぶことができました。ありがとう！

つらい今を乗り越えて

（日直）華奈子

もう十一月も後半。なんて早いんだ。今日は高校生最後の日誌ということなので、今の気持ちを赤裸々に綴ろうと思います。

この学校に来て、いろいろあってバカみたいにさわいでた時もあって、いっぱい泣いたりもしたけど、本当に最高でした。今年はろっ骨折ったり、心臓や脳に異常が見つかって病院何度も行ったり、家でもいろいろ問題発生したりして大変だった。

トドメにＡＯ入試に落ちて、自信があったぶん、〝なんで？〟って何度も考えて、本当に苦しかった。何度切り換えをしようとしても、上手くできたと思ったらすぐに体調を崩し、今日学校に来たのも約一週間ぶり。

こんな悪いことが立て続けに起こる中で私を支えていたものは、周りの人々の愛だと思う。母は私を元気づけようと色々な所に連れていってくれ、優しく見守っていてくれた。友人は私の家まで来て一緒に泣いてくれた。彼は泣く私のそばにずっといてくれた。

こわいと思った先生は私にいろいろアドバイスをしてくれた。また力強い助言をしてくれた先生もいた。残りの学校生活のカウントダウンを写真に撮っているのだけど、私が休んでた分も紙に私の似顔絵を書いてくれていた友達の優しさには、またまた泣きそうになった（少しヘタだったけど笑）。

父、母、兄、親友、彼、先生方、いろいろな人に支えられていることに感謝し、足踏みしている今の

状態からさっさと抜け出し、前に進もうと思う。人生には波があると言うが、たしかに去年は今までにないくらい最高で今年はその逆だ。つまり、来年にはきっと……。「艱難《かんなん》汝を玉とす」のように、この経験から人として成長できるように頑張る。亨先生、ありがとう。

弱さを誇ろう！

まずは体調のほう大丈夫でしょうか？　なかなか調子が上向かないのは、決して身体だけの問題ではない気がします。精神が身体と緊密につながっていることは授業でも何度かお話ししましたから。あなたも今、嵐の只中《ただなか》に佇《たたず》む一人だとお見受けします。いろいろなことがうまく行かない……そんな思いが駆け巡っているかもしれませんね。つらい立場にいる人を慰める言葉など、本当は誰も持ち合わせてはいません。所詮嵐の外側から眺めて同情することぐらいしか出来ません。だから敢えてここでは違うお話をさせてください。

「私には誇れるものがある。それは〝私の弱さ〟だ。なぜなら、私は弱い時に強くなれるからだ」というフレーズがあります。この言葉は私が何度か人生の危機や分岐点に立たされたときに、噛みしめている言葉です。

人は自身が強いときには何も見えません。自らの能力で、自らの決断で、そして自らの行動で人生を切り開いていると思っている間は、「私」以外には何も見えないのです。逆に、自分が窮地に立たされ、〝何もできない、上手く行かない、自分はダメだ〟と感じたとき、見えてくるものがたくさんあります。それは親の有難み、友の優しさ、師の温かさ、そして己の弱さ。自分が決して一人で生きているのではなく、多くの支えがあって初めて存在しえることを、私たちは自分がつらいときに実感します。そしてその気づきはとても大きいのです。

それは単に〝仲間って素晴らしいよね！　絆って大切だよね！〟というセンチメンタルな満足だけではありません。己の能力は自身の内部で完結するものではなく、他者の能力もコミコミであることに気づく。ドラゴンボールの〝元気玉〟（知ってますか？）のように、多くの生命から少しずつエネルギーを分けてもらい、それが自身の武器になる。そんな感覚を持つことが可能となるからです。

どうか嵐の只中にいる華奈子さんが、自身の中に眠る〝仲間の力を自分の武器に変える能力〟に気づき、それをこれからの人生に生かしていけるようにと、願わずにはいられません。

大丈夫！　人生これから！

感謝する心

（日直）咲子

今日は、最近の私の心境の変化について書かせてください。最初に、ほとんど私事になってしまう事と、暗い話題になってしまうかもしれない事を許してください。

私の父は、若年性認知症という病気です。皆さん、ご存知ですか？認知症というと、高年齢者がなるというイメージが強いのですが、若い人（二十代から発症する人もいます）が発症する事もあるんです。父はその病気を私が中学の頃から発症しています。普通の認知症と同じように症状が進行すると寝たきりになり、自分の名前も、家族の事も、忘れてしまいます。少しずつ何もできなくなっていく父を見ていて、私は父を受け入れることができませんでした。随分とひどい事も言いました。父に対しては後悔だけが残ります。もっと優しくすればよかった。感謝もまだ伝えていないのに。中学の頃、いえ最近まで、私は自分だけがどうしてこんな思いをするのかと、恥ずかしながら思っていました。

けれど今年も六月頃から母が体調を崩し、ほとんど起きられなくなってしまったとき、私は痛感しました。朝ご飯を作ってくれる事、不安や悩みを聞いてくれる事、母がしてくれていた事は当たり前なんかじゃない。本当に尊く、感謝すべきことなのだと思いました。そして自分が恥ずかしくなりました。自分に甘えて、環境に甘えて、大切な事が全く見えてなかった。そう気付いた時、「自分だけが」と思っていた気持ちが、「周りの人が支えてくれているから」……そんな気持ちになりました。

また、文化祭では最後までやり通すことができたという自信、皆で何かを造り上げていく楽しさから、私は沢山の事を学びました。今はもう、何も後ろを向くことはありません。

過去の私の父への態度は、ふとした時に思い出して苦しくなることもあるけれど、今は「父の娘でよかった！　ありがとう！」を、心から言うことができます。口下手でおっちょこちょいだけれど、誰よりもまじめで優しい父は私の誇りです。そう思えるのは、こんな私でも支えてくれる母、友人、先生がいるから。私は一人じゃない。周りの人に感謝しながら、受験を乗り越えていけたらと、今私は思っています。

最後に、長々と私事を書いてしまったことを謝ります。今はこの気持ちを忘れたくなくて書かせてもらいました。周りの人に感謝して生きていくことの大切さ、そして若年性認知症という病気があるという事を、知っていただけたら幸いです。

艱難《かんなん》汝を玉とす

私は以前、ＮＨＫで若年性認知症の特集を見たことがあります。二十代後半の若者が、徐々に物事を覚えられなくなることの恐怖と悲しみを、リアルタイムで追っていました。その若者は商談のために目的地への切符を買ったのに、電車に乗っている途中で〝電車に乗っている理由〟を忘れてしまいます。結局目的の駅を通り過ぎてしまうのです。若者はとにかく何でもメモを取ります。どこへ行くのか、目的は何か、切符はどのポケットに入れたのか……。しかし病状が進むと〝忘れないためにメモをした〟ことを忘れてしまい、手帳を開けなくなってしまいます。そのときの苦しみを訴える様子は、私の胸を締め付けました。もし私にとって一番恐ろしい病気を訊ねる者がいれば、即座に認知症と答えるでしょう。

「人とは○○である」という定義があります。「人は考える葦《あし》である」「人は喜びと悲しみの間を行き来する振り子のようだ」。先人はさまざまな表現で、人間を定義しました。では私ならばなんと定義するか？　一度考えたことがあります。そのときの答えは「人は記憶する生き物である」でした。

人は覚える、記憶する。この積み重ねによって全体としても個人としても成長、向上、進化、発展を遂げます。先人の偉大な発想、学問も、文字や映像によって記憶されて初めて次世代への贈り物となる。個人も様々な知識や経験を記憶という形で蓄積して初めて人として大きくなっていく。

その記憶ができなくなったらどうでしょうか？ さらにはかつて覚えていたものが掌《てのひら》から零《こぼ》れ落ちる砂のように消えていったら……。考えただけでも恐ろしく、そして悲しくなってしまいます。たくさんの美しい景色、楽しかった幼き日、妻や娘の笑顔や声。愛してやまないすべてのものが脳から溶けだしていく……。お母さんの苦しみや悲しみ、咲子さんの怒りや後悔。それらの一部さえ私たちは共有できないでしょう。だから安易な慰《なぐさ》めや同情は、かえって失礼になってしまうかもしれません。従ってここでは、私があなたに直接語りかけるものは何もないように感じられます。

ただ、それでもなお、私があなたより少しだけ長く生きていた人間として、あるいは高校三年の大切な時期を預からせてもらっている担任として話すならば、次の言葉を贈ります。

「艱難汝を玉とす」

人が成長するには二つの要素が必要です。一つは成功、成就、達成。とりあえずこれらをひとまとめに「＋モード」と呼びましょう。＋モードは人をより充実させ、新しい挑戦へと誘います。＋モードの体験を繰り返すと、人は世界を愛し、人を愛し、自分も愛せるようになります。そしてもう一つの要素は、困難、失敗、挫折《ざせつ》です。これらを仮に「－モード」とします。この－モードには痛みや悲しみが伴います。だから＋モードに比べて敬遠されがちです。誰でも出来れば避けたいと願います。

しかし、この－モードには＋モードにはないものがあります。それは〝優しさ〟であり〝気づき〟です。人は自分が悲しんだり、苦しんだりしないと、同じ気持ちを他者と共有はできません。もちろん頭で理解はできますが、心の奥からシンクロすることはないでしょう。－モードは確かにつらい経験ですが、それを乗り越えた時、人は他者の痛みに気づき、そして優しくなることができます。＋モードはどこまでも自分の中で完結しますが、－モードは他者への広がりを内包しています。ですから耐え難い〝艱難〟は必ずあなたを美しく磨き上げます。

つらい経験、苦しい時間、悲しい気持ちは必ずあなたを大きく、強く、そして優しくします。

咲子さんの文章にはＩモードから得られた優しさが既に光り出しています。私はあなたのような生徒を持ったことを誇りに思います。どうか、これからもその優しい気持ちをもったまま、大人になってください。

　高い所へジャンプするために、人は必ず低く屈まなくてはなりません。咲子さんは今、人生のより高いところに到達するために、深く深く腰を落とし、体を屈めてエネルギーを溜めているのです。屈んでいる今が、飛び立つ明日を創ることをどうぞ忘れずに。素敵な文章をどうもありがとう!!

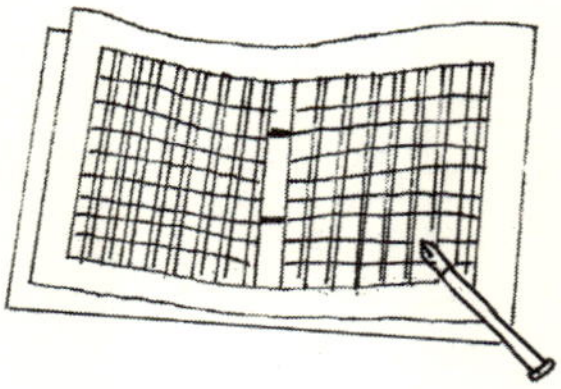

付録　日誌教育Q&A

ここでは日々、日誌と格闘している、あるいはもっと学級日誌を活性化させたいとお考えの先生方に向けて、起こりがちな問題と、私なりの対処法を述べたいと思います。また、日誌教育は学校だけのものではありません。工夫次第ではどこでも応用が出来ると思いますので、参考にしてくだされば幸いです。

書かない生徒への指導

Q. 何度日直になっても、いいかげんな記事しか書かない生徒にはどう対処すべきですか?

A. 本来はもっとたくさん、もっと真剣に書いてもらいたいとは思います。しかし、やはり得手不得手があるのは仕方ありませんし、無理強いは出来ません。私は八割以上の記入を要求し、それ以下の生徒は翌日も日直だ！と脅します。しかし実際には八割未満でもそのルールの適用はほとんどしてきませんでした。かつて、まったく書かない（一文字も書かない）生徒がいましたが、その生徒が日直のときは、いろいろと話をして、そのことを私が代わりに書いてあげたりしました。少し甘いかもしれませんが、それでもその生徒の考えは日誌に残るのでそれで良しとしました。

学級日誌は書くだけが目的ではなく、級友と担任とのやりとりを読むことも役割の一つです。書かない生徒もきっと友達のコメントやその返答はしっかりと読んでいるものです。書くことを強制するよりも、他者の意見を読む楽しさを味わっている、ぐらいに気楽に考えたらよいと思います。

内容に問題のある文章への対応

Q．特定の宗教に対する嫌悪感や、教師への個人的な感情を述べている文章等はどうしていますか？

A．宗教や政治に関する話題はデリケートで難しい問題です。私の場合は沖縄県という土地柄だけに、基地や米軍に対する感情的な意見が書かれる場合もあります。担任としては特定の立場に偏りすぎることなく、多様な考えや視点があることを指摘することが重要です。日誌への書き込みは、担任を信頼している証です。従って、どんなに過激な意見であっても頭ごなしの批判や意見の封じ込めだけはすべきではありません。私は一度受け入れながら、その中に潜む問題点をそれとなく指摘していきます。また「賛成／反対」といった単純な構図に流されずに、難しい問題と真剣に向き合う姿勢を評価することも大切です。

他クラスの生徒の要望

Q．言いたいことがたくさんかける学級日誌を、他のクラスの生徒が羨《うらや》ましがって、「自分も書きたい！」と言い出しました。どうすればよいでしょうか？

A．理想は全クラスがそれぞれに工夫をした学級日誌を持ち、クラスを越えて読みあう環境です。しかし実際は、先生ごとに指導の特色がありますし、日誌以外の所でコミュニケーションを上手に取っている先生方も大勢います。ですから無条件には他クラスの生徒の記入を許していません。しかし、一方で〝書きたい〟という欲求を潰《つぶ》してはならないとも考えています。

そこで、私はいつも〝代打システム〟を導入しています。代打とは、今日の日直の了解のもとで友人が代わりに日誌を書くことです。書くことが苦手な生徒にとって代打はありがたい存在ですし、それによって書きたいと思っていた生徒が表現欲を満たせる一石二鳥の方法です。〝いつも他の人に頼んでばかりで、書かない生徒が出てくるのでは？〟との心配もありますが、それよりも書きたい人が書きたい話題で書いてもらった方がクオリティも上がります。書きたい人は、事前に友達へ「君が日直の時、代わりに書いていい？」とお願いすればよく、実際その光景を何度か目撃しました。

日誌教育の応用

Q．学校以外で「日誌教育」を用いるとすれば、どのような形態、手法があるでしょうか？

A．私は、複数のメンバーがコミュニケーションをとらなければならないところでは、どこでも応用が可能だと思います。例えば家族。お父さん、お兄ちゃん、妹などが書く文章をお母さんがコメントする。コメント役はお父さんでも構いません。出来れば、文章を書くことが好きな人が先生役になるとよいでしょう。提出は週一回から始めると、負担も少ないのではないでしょうか。

グループに関しては、サークルのリーダーとメンバーでもよいですし、職場の上司と部下たちも面白いですね。ある程度の人数で、役割分担がはっきりしているところならばどこでも可能です。

ただし、注意すべきことが一つだけあります。それは単なる「交換日記」にしないということです。リーダーがいない日誌ではそれぞれが言いたいことを書き、誰が返答するのかが不明確なままです。それではせっかくの話題や問題提起などが、深まらずに流されてしまう恐れがあります。ですから日誌の上での「リーダー」、すなわちコメントを返す側を一人決めておくこと。その人がそれぞれの文章に対して、きちんと返事を書くこと。ここが「日誌教育」の重要ポイントです。従ってある程度の上下関係が存在しているグループが、導入しやすいと思います。毎日でなくてもよいのです。分量も少しで構いません。コメントを返す人が、グループ全体を見据えながら少しだけ多めに書く。それだけで十分「日誌教育」になると思います。

あとがき

平成二十六年の高三生は見事に羽ばたき、次のステップへと飛び立ちました。私の手元には、少しくたびれた学級日誌と数枚のスナップ写真とが残っています。

私事ですが、この年の九月に妻が入院をしました。三ヶ月に及ぶ入院生活の間、私は受験生の担任として、看病する夫として、二人の娘の父として忙しい日々を送りました。時には日誌の返事が数日分滞ったこともあります。しかしクラスの生徒たちはいつも明るく元気に、私を支えてくれました。彼らが日誌に記す話題を読み、返事を書くために思索する僅《わず》かな時間が、私にとっては大切な息抜きとなっていました。笑い、考え、時には感動さえ与えてくれる学級日誌。彼らは巣立って行きましたが、ともに過ごした短い日々はこの日誌の中に凝縮《ぎょうしゅく》されています。

本当ならば全ての記事を載せたいと思いました。しかし紙幅の都合で漏れてしまったものもあります。それでもこの学級日誌の香りだけはお伝え出来たと自負しています。

最後になりましたが、ここでお礼を述べたいと思います。

初めはもちろん昭和薬科大学附属高校三十九期生、三年E組の生徒たちです。あなたがたの表現なくして、私のコメントもありえませんでした。粘り強くひたむきに、それぞれの思いを書きつづってくれたその誠実さと優しさを私は忘れません。本当にありがとう!

飛び込みで持ち込んだ原稿を辛抱強く読んでくださった出版社ボーダーインクの喜納さん。ホメてその気にさせるその手腕、教師に最も必要な能力です。あなたのおかげで納得のいく文章に鍛えあげられたと思います。感謝します。

二人の娘へ。特に長女には全ての日誌をワープロでデータ化してもらいました。癖のある手書きを一三〇本以上ワープロで打ち込む作業は地味で骨の折れる作業でしたが、文句も言わずに手伝ってくれました。次女も私の仕事を理解し誇りに思ってくれています。君たちのためにもぜひ、本を出したいと願いました。ありがとう。

妻へ。日誌の中に度々登場する妻ですが、愛も希望も妻から学びました。彼女は体調を崩し、自身が苦しかった時期にも常に私の仕事を理解し支えてくれました。本書のイラストも全て妻が描いてくれたものです。この場を借りて、感謝と愛を伝えます。

私はことばの力を信じています。これからもことばの力を通して生徒をつかみ、ことばの力を用いて生徒を導き、そしてことばの力を借りて私自身も成長したいと願っています。

この本に記された生徒のことば、あるいは私のことばが、少しでも読んでくださったあなたの力となれば、とても幸せです。

二〇一五年　秋

砂川　亨（すながわ　とおる）

昭和薬科大学附属高等学校・附属中学校　国語科教諭
1967年生まれ。幼少期から青春時代までを神奈川県で過ごしたため、沖縄に疎いウチナーンチュ。現在、昭和薬科大学附属高等学校・附属中学校に勤務し、国語、特に現代文の楽しさを伝え続ける。

趣味はギター演奏。

沖縄県男女共同参画センター「ているる」運営委員。

（2001年～2004年）

表紙・本文イラスト／砂川　政美

南の島の学級日誌
－高校生と先生のマジメでユカイな対話集－
2015年12月10日　初版第一刷発行
著　者　砂川　亨
発行者　宮城正勝
発行所　（有）ボーダーインク
〒902-0076　沖縄県那覇市与儀226-3
tel. 098（835）2777、fax. 098（835）2840
印刷所　でいご印刷
ISBN 978-4-89982-289-9